On Practice And On Contradiction

《实践论》《矛盾论》导读（图文版）

崔丽华 —————— 著

人民东方出版传媒
People's Oriental Publishing & Media

东方出版社
The Oriental Press

图书在版编目（CIP）数据

《实践论》《矛盾论》导读：图文版 / 崔丽华著 . —北京：东方出版社，2024.3
（马克思主义经典著作导读）

ISBN 978-7-5207-3831-6

Ⅰ.①实…　Ⅱ.①崔…　Ⅲ.①《实践论》—毛泽东著作研究 ②《矛盾论》—
毛泽东著作研究　Ⅳ.① A841.24

中国国家版本馆 CIP 数据核字（2024）第 027231 号

《实践论》《矛盾论》导读：图文版

（《SHIJIANLUN》《MAODUNLUN》DAODU：TUWENBAN）

作　　者：崔丽华著
　　　　　中央党校创新工程"21 世纪马克思主义的重大问题研究"
　　　　　项目组组织编写 / 李海青总主编
责任编辑：孔祥丹
责任校对：曾庆全
出　　版：东方出版社
发　　行：人民东方出版传媒有限公司
地　　址：北京市东城区朝阳门内大街 166 号
邮　　编：100010
印　　刷：北京市联华印刷厂
版　　次：2024 年 3 月第 1 版
印　　次：2024 年 3 月北京第 1 次印刷
开　　本：710 毫米×1000 毫米　1/16
印　　张：13.5
字　　数：185 千字
书　　号：ISBN 978-7-5207-3831-6
定　　价：59.80 元
发行电话：（010）85924663　85924644　85924641

马克思主义是整个人类思想的精华，是中国共产党的指导思想。学习马克思主义，就要认认真真地阅读马克思主义经典著作。正如恩格斯在谈到学习《资本论》时强调指出的："对于那些希望真正理解它的人来说，最重要的却正好是原著本身。"中国共产党历来重视马克思主义经典著作的学习，党的历代领导人对此都有明确要求。2011 年 5 月 13 日，习近平同志在中央党校春季学期第二批入学学员开学典礼上的重要讲话中指出：马克思主义经典著作蕴含和集中体现着马克思主义基本原理，是马克思主义理论的本源和基础。马克思主义经典著作包含着经典作家所汲取的人类探索真理的丰富思想成果，体现着经典作家攀登科学理论高峰的不懈追求和艰辛历程。阅读经典著作，本身就是增长知识、开阔眼界、增加思想深度和训练思维方式的过程，就是培养高瞻远瞩的战略洞察力和脚踏实地的工作作风的过程，会使我们在潜移默化中受到他们崇高风范和人格力量的熏陶，从而实现自己思想境界和道德情操的升华。他还为学员们推荐了马克思、恩格斯、列宁和毛泽东的著作。2018 年 5 月 4 日，习近平总书记在纪念马克思诞辰 200 周年大会上的讲话中强调指出：共产党人要把读马克思主义经典、悟马克思主义原理当作一种生活习惯、当作一种精神追求，用经典涵养正气、淬炼思想、升华境界、指导实践。

中央党校（国家行政学院）是我们党学习、研究、宣传马克思主义的重要阵地，具有马克思主义经典著作学习研究的光荣传统和深厚积淀。为了帮助广大党员干部和其他各领域的学习者、研究者更好学习、理解、掌握马克思主义经典著作中蕴含的基本观点、基本原理与基本方法，中央党校（国家行政学院）创新工程"21世纪马克思主义的重大问题研究"项目组精选了马克思、恩格斯、毛泽东的最具代表性的一些经典著作，编写了这套马克思主义经典著作导读丛书。

丛书共八册，包括：李海青著《〈共产党宣言〉导读（图文版）》、王虎学著《〈1844年经济学哲学手稿〉导读（图文版）》、袁辉著《〈资本论〉导读（图文版）》、唐爱军著《〈黑格尔法哲学批判〉导读（图文版）》、孙海洋著《〈路德维希·费尔巴哈和德国古典哲学的终结〉导读（图文版）》、王乐著《〈反杜林论〉导读（图文版）》、崔丽华著《〈实践论〉〈矛盾论〉导读（图文版）》、韩晓青著《〈新民主主义论〉导读（图文版）》。

丛书的突出特色主要有：第一，权威性强。丛书的作者均为中央党校（国家行政学院）一直从事马克思主义理论教学与研究的工作者，具有较高的专业素养与理论水平，创作时坚持原原本本地研读马克思主义经典著作，坚持用科学的态度和发展的观点对待马克思主义，力求充分展示马克思主义经典著作的基本原理、科学内涵。第二，理论联系实际。丛书在解读马克思主义经典著作时，坚持用马克思主义观察时代、解读时代、引领时代，坚持理论联系实际，坚持用马克思主义经典著作的基本原理分析和解释重大现实问题，引导党员干部和大众读者带着问题学、联系实际学，进而提高运用马克思主义分析和解决实际问题的能力，用鲜活丰富的当代中国实践推动马克思主义中国化时代化。第三，通俗鲜活生动。真正的马克思主义是鲜活的，马克思主义经典著作导读应该是鲜活的。

丛书力求用通俗的语言，图文并茂地呈现马克思主义经典著作的鲜活生命力。此外，还配有大量的知识链接，也为丛书增色不少。

总之，这套丛书思想性、通俗性兼备。相信丛书的出版，能对广大读者走进马克思主义经典作家的思想世界，把握马克思主义的思想精华有所助益。

感谢东方出版社对这套丛书出版给予的大力支持，感谢编辑为之付出的艰辛努力。

总主编　李海青

恩格斯曾指出："一个民族要想站在科学的最高峰，就一刻也不能没有理论思维。"[1] 哲学发展水平体现一个民族的思维能力、精神品格和文明素质。党的十八大以来，习近平总书记在多个场合多次提出领导干部要学习马克思主义哲学，提高战略思维能力、综合决策能力、驾驭全局能力。2013 年 12 月 3 日，习近平总书记在十八届中共中央政治局第十一次集体学习时指出："马克思主义哲学尽管诞生在一个半世纪之前，但由于它深刻揭示了客观世界特别是人类社会发展一般规律，被历史和实践证明是科学的理论，在当今时代依然有着强大生命力，依然是指导我们共产党人前进的强大思想武器。我们党自成立起就高度重视在思想上建党，其中十分重要的一条就是坚持用马克思主义哲学教育和武装全党。学哲学、用哲学，是我们党的一个好传统。"[2] 2017 年，在《实践论》《矛盾论》（以下简称"两论"）发表 80 周年之际，《人民日报》等重要报刊发文，要求广大党员干部学习研究经典著作，发扬我们党学哲学、用哲学的优良传统。

"两论"是毛泽东将马克思列宁主义的普遍真理同中国革命的具体实践相结合的典范。它写成于战火纷飞的革命年代。它既是中国共产党批判"左"、右倾错误的哲学总结，又是中国现代社会革命经验的哲学概括。

· · ·

[1] 《马克思恩格斯选集》第 3 卷，人民出版社 2012 年版，第 875 页。
[2] 习近平：《论党的宣传思想工作》，中央文献出版社 2020 年版，第 30 页。

图为毛泽东著作《实践论》
和《矛盾论》 海峰 / 供图↑

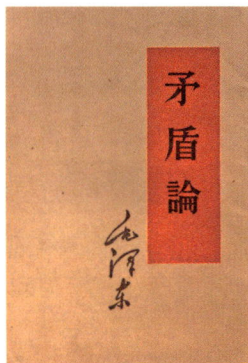

它创造了现代中国革命的哲学逻辑，塑造了现代中国革命实践经验的理论形态，描绘了中国共产党如何引领人民进行革命的思想蓝图，开辟了马克思主义哲学中国化之路。它不仅是毛泽东个人哲学思想发展的巨大飞跃，而且是现代中国哲学史上具有里程碑性质的思想著作，同时还是世界哲学史，特别是马克思主义哲学史上具有中国实践特色的哲学创造。因此，"两论"是历史的，也是现实的；是理论的，也是实践的；是中国的，也是世界的。

"两论"已经问世 80 多年，这么多年来，世界发生了翻天覆地的变化。写作"两论"之时，世界正处于无产阶级革命运动和民族解放运动高涨的年代。而当今世界正经历百年未有之大变局，虽然和平与发展仍然是时代主题，但国际环境日趋复杂，人类也正处在一个挑战层出不穷、风险日益增多的时代。世界经济复苏乏力，金融危机阴云不散，发展鸿沟日益突出，兵戎相见时有发生，冷战思维和强权政治阴魂不散，恐怖主义、难民危机、重大传染性疾病、气候变化等非传统安全威胁持续蔓延。我国已进入高质量发展阶段，发展具有多方面优势和条件，同时发展不平衡不充分问题仍然突出。作为马克思主义经典著作的"两论"，是否已经随着岁月的更迭逐渐"过时"呢？答案当然是否定的，尤其是"两论"中将马克思列宁主义的普遍真理同中国革命的具体实践相结合的出发点，在今天依然闪烁着思想的光芒，这也是今天我们重读"两论"的意义所在。

重读"两论"就是要把握"两论"的精华，把握其具有的两重性：一重是从哲学层面对中国革命的经验总结，这个经验总结是整体的、深入的，而不是局部的、零碎的；二重是它将这种经验总结上升为理论，成为专门的哲学著作。

第一，"两论"是中国革命胜利的奠定之作。中国半殖民地半封建的社会性质以及经济政治结构的二元化、社会关系和阶级关系的复杂性使中国革命具有了十分复杂的特征。这就要求中国革命的领导者必须能够应对复杂的国内国际环境，不能简单地照抄照搬他国经验，任何脱离国情的决策，都将导致革命走向失败。

然而，当时在中国共产党内部存在着对待马克思主义的教条主义态度，照抄照搬俄国革命指导中国革命。1941年5月，毛泽东在《改造我们的学习》一文中指出："学习国际的革命经验，学习马克思列宁主义的普遍真理。许多同志的学习马克思列宁主义似乎并不是为了革命实践的需要，而是为了单纯的学习。所以虽然读了，但是消化不了。只会片面地引用马克思、恩格斯、列宁、斯大林的个别词句，而不会运用他们的立场、观点和方法，来具体地研究中国的现状和中国的历史，具体地分析中国革命问题和解决中国革命问题。这种对待马克思列宁主义的态度是非常有害的，特别是对于中级以上的干部，害处更大。"[1]这一错误态度的后果使我们党从1927年到1935年先后出现了三次"左"倾错误，最为严重的是以王明为代表的第三次"左"倾教条主义，其结果导致我们党遭受了致命的打击——第五次反"围剿"失败，红区和红军损失了90%，白区工作几乎损失100%。如不对这种错误进行有力的回击，将会使中国革命最终走向失败。"老爷们既然完全不认识这个世界，又妄欲改造这个世界，结果不但碰破了自己的脑壳，并引导一群人也碰破了脑壳。老爷们对于中国革命这个必然性既然是瞎子，却妄欲充当人们的向导。"[2]这些失败、教训使中国共产党进行了深刻的反思。1935年1月，中央政治局在长征途中举行遵义会议，事实上确立了毛泽东同志在党中央和红军的领导地位，开始确立以毛泽东同志为主要代表的马克思主义正确路线在党中央的领导地位，开始形成以毛泽东同志为核心的党的第一代中央领导集体，开启了党独立自主解决中国革命实际问题的新阶段。之后，党的工作思路、思想路线逐渐转移到了正确的方向上来。为了进一步厘清党的思想路线和指导方针，1937年，毛泽东写作完成了"两论"。在"两论"中，他揭示了党内"左"、右倾错误在认识和思维方式上的根源，系统地概括和总结了中国革命的历史经验和教训。

可以说，"两论"自问世以来，中国革命的面貌发生了根本改变。自此，中国革命摆脱了两次挫折（大革命的失败和第五次反"围剿"的失败）的阴影，走上了胜利大道。在"两论"的影响下，经过整风运动的洗礼，全党在思想上高度统一，高举马克思主义哲

···

[1] 《毛泽东选集》第三卷，人民出版社1991年版，第797页。
[2] 《毛泽东文集》第二卷，人民出版社1993年版，第344页。

知识链接

遵义会议

遵义会议是在红军第五次反"围剿"失败和长征初期严重受挫的历史关头，为了纠正博古、李德等人"左"倾领导在军事指挥上的错误，中共中央政治局在贵州遵义召开的独立自主地解决中国革命问题的一次极其重要的扩大会议。这次会议是中国共产党第一次独立自主地运用马克思列宁主义基本原理解决中国革命问题的会议。这次会议挽救了党，挽救了红军，挽救了中国革命，在中国共产党和红军的历史上，是一个生死攸关的转折点。

整风运动

整风运动是中国共产党历史上第一次大规模的整顿党内作风的运动，即在全党开展普遍的马克思主义教育。开始时间是1941年5月，以毛泽东在延安高级干部会议上作《改造我们的学习》的报告为标志，结束时间是1945年4月20日党的扩大的六届七中全会通过《关于若干历史问题的决议》，历时三年多时间。通过整风，全党马克思主义理论素养极大提高，全党上下达到了空前的团结。

学大旗，坚持唯物主义，反对唯心主义；坚持辩证法，反对形而上学；坚持"两论"精神，反对主观主义特别是教条主义，思想一致，步调统一。这为新民主主义革命的胜利，奠定了坚实的思想基础。

第二，"两论"是马克思主义哲学中国化的开山之作。俄国十月革命一声炮响，为我们送来了马克思列宁主义。一大批具有民族使命感的中国先进分子开始探索中国革命的道路，他们赞成俄国革命，主张学习马克思主义，这也为中国人民点燃了新的希望。但自马克思主义传入中国就存在着如何中国化的问题。因此，对马克思主义的理解绝不是套用和背诵马克思主义著作的经典词句，也不是照抄照搬苏联经验，而是根据中国社会运动的规律，进行革命。瞿秋白指出："应用马克思主义于中国国情的工作，断不可一日或缓。"[1]但由于中国共产党自发展伊始就受到了共产国际的援助和支持，加之思想路

图为延安凤凰山麓毛泽东旧居，毛泽东在这里写下了著名的"两论"等著作
黄源／供图↑

----

1 《瞿秋白选集》，人民出版社 1985 年版，第 311 页。

知识链接

共产国际

　　共产国际，各国共产党的国际联合组织。又称第三国际，由列宁领导创建，存在于1919—1943年。共产国际把马克思列宁主义作为理论基础，组织原则是民主集中制。各国共产党作为它的支部，直接受它领导。它是高度集中的领导中心，统一领导各国革命运动，各国党必须执行它的决定。它有权决定各国党的路线、策略和各国党的领导人，可以否定或修改各国党的决定，开除和解散任何一个支部，向各国党派出常驻代表。

线上的不成熟，理论准备上的不充分，革命力量尚十分弱小，很长一段时间里，在中国共产党内部存在着"以俄为师"的思维定式。可以说，时代和国际环境让中国共产党确立了"走俄国人的路——这就是结论"的主张。在新民主主义革命时期，王明的《为中共更加布尔塞维克化而斗争》的小册子，曾多次出版。这些理论脱离中国革命的实际情况，当然，这也与中国共产党尚处于幼年时期，理论素养欠缺，对马克思主义的理论品质了解不够，对中国国情认识不深有很大的关系。1965年，毛泽东在重读自己的旧作《长冈乡调查》时写下了一段批注："什么叫马克思主义？那时的中央领导者们，实在懂得很少，或者一窍不通，闹了多年的大笑话。"[1] 这一时期的党没有确立起马克思主义基本原理同中国实际和时代特征结合起来的指导思想，更没有把这个结合提升到中国化的高度。

面对这些问题，以毛泽东同志为主要代表的中国共产党人开始对中国革命究竟应该向何处去这一问题寻找答案。在对中国国情进行深入分析的基础上，毛泽东认为，在一个半殖民地半封建社会的旧中国建立起一个全新的社会主义新中国，这是一条前无古人的创新之举，需要中国共产党人充分发挥主观能动性，充分依靠自己，运用马克思主义基本原理，独立自主地去认识中国国情，将马克思主义中国化。1942年，在《整顿党的作风》一文中，他强调："我们的同志必须明白，我们学马克思列宁主义不是为着好看，也不是因为它有什么神秘，只是因为它是领导无产阶级革命事业走向胜利的科学。直到现在，还有不少的人，把马克思列宁主义书本上的某些个别字句看作现成的灵丹圣药，似乎只要得了它，就可以不费气力地包医百病。这是一种幼稚者的蒙昧，我们对这些人应该作启蒙运动。那些将马克思列宁主义当宗教教条看待的人，就是这种蒙昧无知的人。对于这种人，应该老实地对他说，你的教条一点什么用处也没有。马克思、恩格斯、列宁、斯大林曾经反复地讲，我们的学说不是教条而是行动的指南。这些人偏偏忘记这句最重要最重要的话。中国共产党人只有在他们善于应用马克思列宁主义的立场、观点和方法，善于应用列宁斯大林关于中国革命的学说，进一步地从中国的历史实际和革命实际的认真研究中，在各方面作出合乎中国需要的理论性的创造，才叫做理论和实际相联系。如果只是口头

...

1 《毛泽东文集》第八卷，人民出版社1999年版，第326页。

上讲联系，行动上又不实行联系，那末，讲一百年也还是无益的。我们反对主观地片面地看问题，必须攻破教条主义的主观性和片面性。"[1] 新中国成立后，毛泽东也多次强调："马克思这些老祖宗的书，必须读，他们的基本原理必须遵守，这是第一。但是，任何国家的共产党，任何国家的思想界，都要创造出新的理论，写出新的著作，产生自己的理论家，来为当前的政治服务，单靠老祖宗是不行的。"[2]

总之，《实践论》讲的是中国人民如何从客观实际出发，经过实践、认识、再实践、再认识，达到主观与客观、理论与实践的具体的历史的统一。《矛盾论》讲的是中国人民如何在革命中运用矛盾分析方法，解决中国革命的具体问题，它是中国人民认识和改造中国现实世界的伟大工具。"两论"正是马克思列宁主义的普遍真理同中国革命的具体实践相结合的产物，继承和发扬了马克思主义哲学的实践精神，是马克思主义在中国的新发展，体现了马克思主义哲学的实质、风骨和构架；它也将中国革命的实践纳入马克思主义哲学中，丰富和发展了马克思主义的理论内涵，是马克思主义哲学在中国的具体化和新发展，是马克思主义哲学中国化的开山之作。从此，马克思主义在中国的发展进入了一个崭新的阶段。

"两论"是中国共产党思想建设的经典之作。思想理论是一个政党实现其历史使命、政治任务、政治理想的精神基础和实践指南。思想建设是党的基础性建设，是党保持先进性和纯洁性的有效手段之一。可以说，自中国共产党成立以来始终把思想建设放在党

•••

1 《毛泽东选集》第三卷，人民出版社 1991 年版，第 820 页。
2 《毛泽东文集》第八卷，人民出版社 1999 年版，第 109 页。

的建设的重要位置，始终重视用马克思主义理论武装全党。

早在红四军时期，毛泽东就十分重视党的思想建设这一问题。在他看来，整党整军，必须从确立正确的思想路线入手。他认为，对于初创的红四军而言，最重要的问题不是强大的敌人，而是官兵的思想问题。他通过大量调研、走访，摸清了当时红四军的思想状况，于1929年12月写就了《关于纠正党内的错误思想》一文，这也是古田会议八个决议案之一。在文中，毛泽东指出，当前红四军存在的错误思想主要有单纯军事观点、极端民主化、非组织观点、绝对平均主义、主观主义、个人主义、流寇思想、盲动主义残余等

知识链接

古田会议

古田会议，中国工农红军第四军在1929年12月28日至29日在福建省上杭县古田召开的党的第九次代表大会，即红四军党的第九次代表大会。这次会议总结了红四军成立以来军队建设方面的经验教训，确立了人民军队建设的基本原则，重申了党对红军实行绝对领导的原则。这次会议还提出，把党建设成为无产阶级先锋队，把军队建设成为无产阶级领导的新型人民军队，这是事关党的事业兴衰成败的根本性问题。因此，古田会议决议成为我党我军建设的伟大纲领及重要里程碑。

八种错误思想。他认为，红四军党内各种错误思想的危害是无法执行党的正确路线，他号召全军与这些错误思想进行斗争，肃清这些错误思想，建立正确的建党建军思想、原则。

遵义会议后，一段时期里，党内一大部分同志相信党中央的决策和部署是正确的，但又无法完全理解中国革命为什么不走俄国革命同样的道路，甚至怀疑党领导的新民主主义革命只是一场农民运动而已，在思想上存在不解和疑虑。我们必须从思想上消除这些疑虑，从而才能让我们的同志更好地为革命服务。因此，"两论"这两篇著作从理论

图为古田会议旧址　李俊生 /
供图↑

与实践相统一的观点出发，论证了马克思列宁主义普遍真理同中国革命的具体实践相结合的重要性，倡导具体问题具体分析；这两篇著作又指出了教条主义是右倾机会主义和"左"倾冒险主义的认识论根源，从哲学的高度为中国共产党制定出不同于俄国革命的一系列方针政策，从而使全党坚定了走中国特色革命道路的信心，为整风运动特别是对教条主义的批判做好了充分的理论准备，也为中国共产党开创新的革命阶段做好了思想准备。1942 年 4 月 20 日，毛泽东在中央学习组会议上的报告《关于整顿三风》中指出："我们把马列主义搞通，把主观主义反倒，这是加强教育的更深刻的方法，更彻底的方法。如果我们全党干部在现在这一两年以内，能够把作风有所改变，扩大正风，消灭不正之风，这样一个目的达到了，我们内部就能够巩固，我们的干部就能够得到提高，我们也才能够有本事迎接将来的光明世界，掌握这个新的光明的世界。总之，对付黑暗需要加强教育，迎接光明也需要加强教育，无论怎样讲，我们都需要加强教育。"[1]

此外，很多中国共产党人学习马克思主义哲学著作，是从学习毛泽东著作，特别是从学习"两论"开始的。所以说，"两论"是共产党人赖以"起家"的思想武器和认识武器，是马克思主义中国化的哲学基础。陈云曾说过：读《毛泽东选集》，先从 5 篇富有哲学思想的文章看起，包括《中国革命战争的战略问题》《实践论》《矛盾论》《论持久战》《战争和战略问题》。在改革开放和社会主义现代化建设新时期，陈云反复强调："在新形势下，全党仍然面临着学会运用马列主义、毛泽东思想的立场、观点、方法分析和解决

· · ·

---

1 《毛泽东文集》第二卷，人民出版社 1993 年版，第 411—412 页。

问题这项最迫切的任务。"[1]罗荣桓在《对政治学院学习毛泽东著作的几次讲话》中指出："我们是在中国土地上搞革命，为什么不学中国的，不学毛泽东的东西？教条主义就是不学习中国的东西，认为中国的不是理论。杜勒斯不承认中国存在，我们有些人实际上也不承认中国存在。中国闹革命一百多年，从民主革命到社会主义革命，这里边难道没有丰富的理论？为什么一定只要学外国的东西？我们不是不学马克思、恩格斯、列宁、斯大林的经典著作，但主要选择用得着的学，抓住重点学。我们要以学习毛主席的著作为主。"[2]"真理是相对的，真理是随着历史条件和民族特点发展起来的。如果是这样理解的话，那么我们对毛泽东同志的著作就会加以重视。毛泽东同志的著作首先是反映中国革命，反映中国过渡到社会主义，反映中国社会主义建设，这对我们更亲切一些。"[3]2016年5月17日，习近平总书记在哲学社会科学工作座谈会上指出，"毛泽东同志就是一位伟大的哲学家、思想家、社会科学家，他撰写的《矛盾论》《实践论》等哲学名篇至今仍具有重要指导意义"[4]。

毋庸置疑，今天已经与"两论"写成的那个年代大不相同。在新的时代背景下，出现了很多新问题、新情况和新矛盾。重读"两论"，不仅仅是重温经典，更为重要的是通过学习其思想精髓，从而使我们可以从哲学角度分析和解决当前社会主义现代化建设中存在的问题。

概言之，在任何情况下，我们都不能游离实践、脱离实际、不

· · ·

1 《陈云文选》第三卷，人民出版社1995年版，第362页。
2 《罗荣桓军事文选》，解放军出版社1997年版，第567—568页。
3 同上书，第569页。
4 习近平：《论党的宣传思想工作》，中央文献出版社2020年版，第213页。

谈矛盾。阅读"两论",是要求我们看形势、想问题具有一种哲学头脑。"哲学无用论"是不对的,把哲学锁在书斋里,进而把实践中产生的活生生的哲学贬低为"庸俗辩证法"同样是错误的。面对变化着的实践和各种各样的矛盾,我们当前尤其应当学好"两论"。

"不能不写"的著作

如果对这些问题和之前遭受的挫折不能从思想理论高度上加以解决,中国革命就不能前进一步。清算党内存在的错误思想,从而确立我们党的正确思想,正是"两论"重要的写作动机,也是毛泽东"不能不写"的理由之一。

"两论"写成于 20 世纪 30 年代绝不是偶然的，是有着深刻的时代背景、现实需要和理论准备的。正如毛泽东所言，它是"适用于当时的需要而不能不写的"[1] 哲学著作，是为了从哲学高度总结中国革命的历史经验教训而作，是为了批判、清算曾经严重危害中国革命事业发展的错误思想特别是"左"倾教条主义而作，也是为了论证马克思列宁主义的普遍真理同中国革命的具体实践相结合而作。

一、"两论"的时代背景

　　马克思说得好，"任何真正的哲学都是自己时代精神的精华"，"是文明的活的灵魂"。[2] 黑格尔也曾经说过："哲学的任务是理解存在的东西，因为存在的东西就是理性……每个人都是他那时代的产儿。哲学也是这样，它是被把握在思想中的它的时代。"[3] 任何一种理论都是时代的产物，都有着深刻的时代背景。从"大历史观"的思路出发，对历史事件的考察可以从宏观角度展开。"两论"的创作、出版与传播既是一种思想的生成过程，又是一个历史事件，因此，不可避免地被打上了时代的

· · ·

1 《毛泽东文集》第八卷，人民出版社 1999 年版，第 109 页。

2 《马克思恩格斯全集》第 1 卷，人民出版社 1956 年版，第 121 页。

3 [德] 黑格尔：《法哲学原理》，商务印书馆 1961 年版，"序言"第 12 页。

烙印。中国革命的曲折经历为"两论"的创作提供了一个大的历史背景。

中华民族是世界上伟大的民族，有着源远流长的文明历史，为人类文明进步作出了不可磨灭的贡献。但是近代以来，清朝以天朝上国自居，隔绝于世界市场和工业化大潮之外，沉浸在农耕文明创造出来的成就中"难以自拔"。纵观这一时期的世界历史，西方一些先进国家先后爆发了资产阶级革命，率先完成了工业革命，进入了工业文明时代。在新的生产方式的推动下，西方国家开始了对落后国家疯狂和血腥的掠夺。1840年鸦片战争以来，在西方列强坚船利炮的轰击下，中国危机四起、人民苦难深重，中国的主权独立和领土完整受到了严重破坏，甚至一度濒临亡国灭种的境地，中国逐步沦为半殖民地半封建社会，国家蒙辱、人民蒙难、文明蒙尘，中华民族遭受了前所未有的劫难。从那时起，实现中华民族伟大复兴，就成为中国人民和中华民族最伟大的梦想。在中华民族危难之际，为了拯救民族危亡，中国人民奋起反抗，仁人志士奔走呐喊，谱写了中国近代史上可歌可泣的悲壮篇章。在近代以来的各种救国方案中，具有代表性的有以下四种。

太平天国运动。以洪秀全为代表的农民起义者，1851年在广西桂平县（今广西壮族自治区桂平市）金田村宣布起义，创建了太平天国，正式建立农民政权，提出了发展资本主义的纲领，开始向西方寻求真理，探索中国独立、富强的途径，勇敢地担负起反封建、反侵略的任务，体现了近代农民运动的特点。但由于农民阶级自身的局限性，提不出切合实际的革命纲领，广大将士参加革命的目的并不明确；定都天京后，领导者贪图享乐，特权思想膨胀，钩心斗角，争权夺利，造成人员分裂、政局混乱。加之战略上的失误，孤

师北伐，无后勤保障。在中外反动势力的联合绞杀下，最终天京沦陷，太平天国运动失败。

戊戌变法。以康有为、梁启超为代表的资产阶级改良派通过光绪皇帝进行了资产阶级政治改革，提出了维新变法。其主要内容是：学习西方，提倡科学文化，改革政治、教育制度，发展农业、工业、商业等。然而，这些措施代表了新兴资产阶级的利益，为封建顽固势力所不容。清政府中的一些权贵显宦、守旧官僚对新政措施阳奉阴违，托词抗命。1898年9月慈禧太后等发动政变，光绪皇帝被囚，康有为、梁启超分别逃往法国和日本，谭嗣同等人被杀害，历时仅103

图为描绘金田起义的油画
海峰 / 供图↑

天的戊戌变法失败。

义和团运动。19世纪末中国发生的一场以"扶清灭洋"为口号，针对西方在华人士包括在华传教士及中国基督徒进行的大规模的群众暴力运动，代表性人物有阎书勤、赵三多等。这场反帝爱国运动，中国社会各个阶层广泛参与，一定程度上打击了帝国主义列强瓜分中国的野心并唤醒了民众的反帝爱国意识。但因其运动本身具有愚昧性、残暴性与笼统排外性，加上农民运动本身的缺陷性和盲目性，义和团被清政府所利用，后被抛弃并走向了失败，并成为八国联军入侵中国的导火索。

辛亥革命。以孙中山为代表的资产阶级革命派从1894年11月在美国檀香山建立兴中会起，就明确把武装斗争作为推翻清政府统治、建立民主共和国的手段，始终高举武装斗争的旗帜，与清王朝作不懈的斗争，领导了接连不断的武装起义，逐渐动摇了清王朝的统治基础，并在1911年掀起了革命的高潮，并最终推翻了清王朝的统治，结束了在中国延续几千年的封建制度，建立了资产阶级民主共和国。但因其政治上的软弱，仅有热情和理想，举措往往不切实际，辛亥革命的胜利果实最终被以袁世凯为首的北洋军阀所窃取。

毛泽东在《论人民民主专政》一文中指出，"自从一八四〇年鸦片战争失败那时起，先进的中国人，经过千辛万苦，向西方国家寻找真理。洪秀全、康有为、严复和孙中山，代表了在中国共产党出世以前向西方寻找真理的一派人物。那时，求进步的中国人，只要是西方的新道理，什么书也看……我自己在青年时期，学的也是这些东西。这些是西方资产阶级民主主义的文化，即所谓新学，包括那时的社会学说和自然科学，和中国封建主义的文化即所谓旧学是对立的。学了这些新学的人们，在很长的时期内产生了一种

信心，认为这些很可以救中国"[1]。但事实上，这些方案并没有成功。通过分析原因，我们可以得出，中国革命具有后发性和复杂性的特征。后发性是指中国革命在时间上处于世界革命的后端。19世纪末20世纪初，资本主义社会进入了垄断资本主义时期，各国列强加紧了对世界的瓜分和侵略，造成了世界范围内的革命局面。中国的革命处于世界大革命的浪潮中，但是处于后起的革命，这就注定了它必须向他国学习先进的经验。复杂性是指中国的国情复杂。正如毛泽东判断的："中国是一个政治经济发展不平衡的半

•••

1 《毛泽东选集》第四卷，人民出版社1991年版，第1469—1470页。

1911年10月10日，在同盟会的推动下，湖北新军发动武昌起义并迅速获得成功，各地纷纷响应宣布独立，史称辛亥革命。图为武昌起义后成立的湖北军政府　海峰 / 供图↑

殖民地的大国，而又经过了一九二四年至一九二七年的革命。"[1] 中国的阶级关系复杂，由于中国是一个半殖民地半封建社会，微弱的资本主义经济和严重的半封建经济并存，但资产阶级和无产阶级数量较少，而农民阶级占大多数。由于多个帝国主义国家侵略中国，造成了各派军阀混战的局面。概言之，由于中国半殖民地半封建的社会性质，对外受帝国主义的欺辱，没有民族独立；对内受反动势力的压迫，没有民主权利，无议会可以利用，无组织工人罢工的合法权利。同时，当时统治中国的反动势力也拒绝一切根本性的社会变革。因此，各种救国方案轮番登台后，最终都以失败而告终。

面对历史经验和教训，面对帝国主义和封建主义两座大山，在半殖民地半封建社会的中国进行革命任务艰巨复杂，需要坚定的领导力量，需要充分认清中国国情，但是中国的民族资产阶级没有理论和能力承担起这样的重任。中国迫切需要新的思想引领救亡运动，迫切需要新的组织凝聚革命力量。

直到 1921 年 7 月，中国共产党诞生。虽然她创立之初只有 50 多名党员，但她是以马克思列宁主义为行动指南，以实现社会主义和共产主义为奋斗目标的无产阶级政党。中国产生了共产党，这是开天辟地的大事变，深刻改变了近代以后中华民族发展的方向和进程，深刻改变了中国人民和中华民族的前途和命运，深刻改变了世界发展的趋势和格局。

中国共产党的诞生是中国近代历史选择的必然结果，也是中国人民选择的必然结果。中国共产党第一次提出了彻底的反帝反封建的民主革命纲领。她首先致力于领导工人运动，在这之后出现了第

· · ·

1 《毛泽东选集》第一卷，人民出版社 1991 年版，第 188 页。

一次工人运动高潮。以 1922 年 1 月香港海员罢工为起点，1923 年 2 月京汉铁路工人大罢工为终点，掀起了中国工人运动的第一个高潮。在持续 13 个月的时间里，中国共产党共领导了大大小小罢工 100 余次、参加人数在 30 万以上。这些斗争虽取得了一些胜利，但二七惨案使中国共产党人清醒地认识到要取得革命的胜利，必须建立革命联盟。于是，在共产国际的帮助和指导下，中国共产党和国民党展开了全方位合作。1924 年 1 月 20 日至 30 日，国民党第一次全国代表大会在广州召开。共产党员李大钊、谭平山、毛泽东、林祖涵、张国焘、李立三、瞿

1921年7月23日至8月初，中国共产党第一次全国代表大会在上海法租界望志路106号（今兴业路76号）和浙江嘉兴召开，宣告了中国共产党的诞生。图为中共一大会址纪念馆　海峰 / 供图↑

京汉铁路工人大罢工

京汉铁路工人大罢工，亦称二七大罢工，是中国共产党领导的第一次工人运动高潮的顶点。京汉铁路大罢工引起了帝国主义和反动军阀的恐慌。军阀吴佩孚对京汉全路罢工工人实行了大规模的镇压，制造了震惊中外的二七惨案。

秋白等 20 多人参加了会议。李大钊被孙中山指派为大会主席团成员。孙中山主持开幕式并致开幕词。谭平山任共产党党团书记，并代表国民党临时中央执行委员会在大会上作工作报告。国民党一大的召开标志着以国共合作为基础的革命统一战线的建立。国共合作推动了工农运动的发展和北伐战争的胜利。北伐战争是国共两党共同进行的一场革命的、正义的战争。但国民党右派并不是真心希望与共产党达成统一战线。之后，由于国民党右派叛变革命和中共主要领导人的右倾机会主义错误，1927 年，蒋介石、汪精卫先后发动四一二反革命政变、七一五反革命政变，千千万万的共产党人和革命群众惨遭昔日盟友屠杀。1928 年 2 月，国民党二届四中全会通过了《制止共党阴谋案》，规定凡属共产党的理论、机关、运动"均应积极铲除，或预为防范"。国民党新军阀对共产党人实行血腥的大逮捕、大屠杀，共产党的各级组织遭到严重破坏。大批优秀的领导骨干和工农运动领袖，如李大钊、萧楚女、陈延年、赵世炎、张太雷、向警予、彭湃、蔡和森、邓中夏、恽代英等先后慷慨就义。据不完全统计，从1927年3月到1928年上半年，被杀害的共产党员和革命群众达31万多人。在严重的白色恐怖下，革命高潮时期加入共产党组织的一些不坚定分子，有的悲观失望，有的消极动摇，更有的叛变投敌，堕落为革命的敌人。共产党员人数由1927年召开中共五大时期的5.7万多人骤减到1万多人，轰轰烈烈的大革命失败了。

图为八七会议旧址（今武汉汉口鄱阳街139号） 海峰／供图↓

　　烈士的鲜血没有白流。中国共产党人正是从血的教训中悟出了革命真理、总结了革命经验。大革命失败后，在关系党和革命事业前途和命运的严重危机时刻，中共中央于1927年8月7日在湖北汉口召开了紧急会议（八七会议），会议批判和纠正了陈独秀的右倾机会主义错误，撤销了他在党内的职务，选出了新的临时中央政治局，确定了土地革命和武装斗争的总方针。出席这次会议的毛泽东在发言中突出地强调："以后要非常注意军事。须知政权是由枪杆子中取得的。"[1] 毛泽东认为，帝国主义列强侵略中国，一方面，促使中国封建社会解体，促成了中国发展资本主义的因素，把一个封建社会变成了半封建的社会；另一方面，帝国主义列强勾结封建势力，压迫和阻止中国资本主义的发展，把一个独立的中国变成了一个半殖民地半封建的中国。帝国主义列强侵略中国的目的，不是要把中国变成资本主义国家，而是要将中国沦为半殖民地或殖民地。帝国主义和中华民族的矛盾、封建主义和人民大众的矛盾，是近代中国社会的主要矛盾。帝国主义是中国人民的第一个和最凶恶的敌人；中国革命的敌人，不但有强大的帝国主义和封建势力，在一定时期还有勾结帝国主义和封建势力的资产阶级反动派，这就使中国革命具有长期性和残酷性的特点。正如在马克思、恩格斯经典作家那里，认为暴力革命是由国家性质和统治阶级的本性决定的，革命的根本问题是政权问题，无产阶级革命的根本原则是采用暴力手段夺取政权，同时绝不放弃利用一切可能利用的方式进行斗争。列宁指出，革命就是战争，历史上没有一个阶级斗争的问题不是用暴力来解决的。马克思主义的暴力革命和武装夺取政权的学说，不仅适用于当时的资本主义工业国家，同时适用于中国这样的半殖民地半封建国家。

　　八七会议后，中共中央决定派毛泽东以中共中央特派员的身份前往长沙，领导湘赣边界的秋收起义。以毛泽东同志为主要代表的中国共产党人，在曲折的革命历程中，大胆创新，成功地开辟了一条工农武装割据的道路。然而，这一思想与俄国革命是不一样的，

···

1 《毛泽东文集》第一卷，人民出版社 1993 年版，第 47 页。

工农武装割据

"工农武装割据"，毛泽东提出的科学概念。它产生和形成于井冈山斗争中，是指在中国共产党领导下，以武装斗争为主要形式，以土地革命为中心内容，以农村革命根据地为战略阵地的三者密切结合。土地革命是中国新民主主义革命的主要内容，武装斗争是新民主主义革命的主要形式，革命根据地是土地革命和武装斗争的依托。离开武装斗争，就不可能建立和发展革命根据地，就不可能实行土地革命。武装斗争如果不与土地革命相结合，就不能把广大农民群众动员、组织、武装起来，就无法扩大红军、巩固革命根据地。

所以很长一段时间，这种革命方式和思路没有被接受和理解。中国共产党在成立初期，作为共产国际的一个支部，经验不成熟，尚未认清楚中国革命的根本规律和发展模式。在新民主主义革命的初期，中国共产党以攻打大城市为目标，将有组织的革命力量集中于大城市，走俄国式道路。但事实证明，以夺取中心城市为主要目标的俄国式的革命道路在中国根本行不通。要想取得革命的胜利，必须走武装夺取政权的道路。以国民党反动集团为代表的买办性的大资产阶级，已经转到了帝国主义和封建势力的反革命营垒，逐步建

1928 年 4 月，朱德和陈毅率领南昌起义保留下来的部队和湘南起义农军到达井冈山，与毛泽东领导的部队会师，合编为工农革命军第四军，增强了井冈山地区工农武装力量，为扩大革命根据地创造了条件。井冈山革命根据地的创建，标志着以毛泽东同志为主要代表的中国共产党人开始将中国革命的重心逐步从城市转向农村。图为朱毛会师地——砻市（今龙市镇）全景　海峰/供图↓

立起以帝国主义为靠山、以地主阶级和大资产阶级联盟为社会基础的新军阀统治。他们利用手中掌握的国家机器，残酷镇压无产阶级和人民群众的反抗和斗争，维护其既得利益。因此，无产阶级和劳苦大众只有拿起枪杆子，以暴力推翻反动阶级的统治，走武装夺取政权的道路，才能彻底获得解放。

红军和农村革命根据地的存在和发展，使国民党统治集团感到震惊。从 1930 年 10 月起，蒋介石集中重兵，向各根据地的红军发动大规模的"围剿"，"围剿"的重点是中央革命根据地和毛泽东、朱德率领的红一方面军。从 1930 年 11 月到 1931 年 9 月，红一方面军在毛泽东、朱德等指挥下，先后

粉碎国民党军队的三次"围剿"。1932年，国民党当局同日本签订《淞沪停战协定》后，立刻调集重兵，向中央革命根据地发动第四次"围剿"。周恩来、朱德从实际情况出发，取得了第四次反"围剿"的胜利。1933年下半年，蒋介石发动对中央革命根据地的第五次"围剿"。这时，临时中央领导人博古，依靠军事顾问李德，放弃过去行之有效的积极防御方针，主张"御敌于国门之外"，导致第五次反"围剿"失败。1934年10月，中共中央、中革军委率中央红军主力实行战略性转移，退出中央革命根据地，进行长征。1936年10月9日，红四方面军指挥部到达甘肃会宁，同红一方面军会合。22日，红二方面军指挥部到达甘肃隆德将台堡（今属宁夏回族自治区），同红一方面军会合。红军三大主力胜利会师。

毛泽东先后在1935年12月和1936年12月写下《论反对日本帝国主义的策略》《中国革命战争的战略问题》两部重要著作，分别从政治路线、军事路线、思想路线上总结了土地革命战争时期的历史经验和教训并及时地回答了党所面对的重大而紧迫的问题。在《论反对日本帝国主义的策略》中，毛泽东指出："目前形势的基本特点，就是日本帝国主义要变中国为它的殖民地。"[1]全国人民的生存已受到严重的威胁。"这种情形，就给中国一切阶级和一切政治派别提出了'怎么办'的问题。反抗呢？还是投降呢？或者游移于两者之间呢？"[2]他指出：中国的工人和农民都是要求反抗的，而且是中国革命的最坚决的力量；小资产阶级也是要反抗的。现在他们眼看就要当亡国奴了，除了反抗，再没有出路；民族资产阶级是一

· · ·

[1] 《毛泽东选集》第一卷，人民出版社1991年版，第142页。
[2] 同上书，第143页。

个复杂的问题，他们具有两面性：既不喜欢帝国主义，又害怕革命的彻底性，但在今天殖民地化威胁的新环境下，他们是有变化的可能性的。即使国民党营垒中，在民族危机到了严重关头的时候，在日本炸弹的威力圈及于全中国的时候，在斗争改变常态而突然以汹涌的阵势向前推进的时候，也是要发生破裂的。"党的基本的策略任务是什么呢？不是别的，就是建立广泛的民族革命统一战线。"[1]

在《中国革命战争的战略问题》中，毛泽东又指出：战争是有规律的。战略问题是研究战争全局规律的东西。战争的胜负不仅取决于作战双方的军事、政治、经济、自然诸条件，而且取决于双方的主观指导能力。他写道："'拼消耗'的主张，对于中国红军来说是不适时宜的。'比宝'不是龙王向龙王比，而是乞丐向龙王比，未免滑稽。对于几乎一切都取给于敌方的红军，基本的方针是歼灭战。"[2]

总之，毛泽东根据中国革命的具体情况，明确了革命的任务和性质，分析了各阶级、阶层对革命的态度，制定了符合中国实际的战略和策略，较系统地提出了理论，对推动中国革命事业的发展起了重要作用。

中国革命曲折的过程中积累的丰富的革命经验和教训，为革命政策的制定提供了依据。同时，需要将这些革命经验和教训加以总结并上升到哲学的高度，从而在宏观意义上指导中国革命的具体实践。正如毛泽东所指出的："从党的建立到抗日时期，中间有北伐战争和十年土地革命战争，我们经过了两次胜利，两次失败。北伐战争胜利了，但是到一九二七年，革命遭到了失败。土地革命战争曾

1 《毛泽东选集》第一卷，人民出版社 1991 年版，第 152 页。

2 同上书，第 236—237 页。

经取得了很大的胜利，红军发展到三十万人，后来又遭到挫折，经过长征，这三十万人缩小到两万多人……在民主革命时期，经过胜利、失败、再胜利、再失败，两次比较，我们才认识了中国这个客观世界。在抗日战争前夜和抗日战争时期，我写了一些论文，例如《中国革命战争的战略问题》《论持久战》《新民主主义论》《〈共产党人〉发刊词》，替中央起草过一些关于政策、策略的文件，都是革命经验的总结。那些论文和文件，只有在那个时候才能产生，在以前不可能，因为没有经过大风大浪，没有两次胜利和两次失败的比较，还没有充分的经验，还不能充分认识中国革命的规律。"[1]

这就迫切需要将这些思想从哲学的高度加以理论化和系统化，为具体政策和策略提供切实可行的理论依据。1937年七七事变发生后，中国共产党领导的各地军队陆续开赴前线。此时在延安，抗大正准备办一个青年干部培训班。这批青年学生将经过一段时间的短期培训，准备在今后几年从事政治辅导工作。由于哲学基础知识培训的需要，毛泽东决定亲自授课，讲授"新哲学"这门课程。从1937年4月开始，他每星期二、星期四上午授课，每次讲4小时，下午还参加学员讨论，前后一共授课110多个小时，3个月从未间断。

他讲课生动活泼、风趣幽默，经常是深入浅出地分析抽象的知识，通俗易懂地讲解深奥的道理。他的课上总是人潮涌动，欢声笑语。据当时的听课者之一、著名作家丁玲回忆："那时他（指毛泽东）每周去红军大学讲唯物辩证法，每次他去讲课，警卫员都来通知我去听。在露天广场上，他常常引用《红楼梦》中的人、事为

...

1 《毛泽东文集》第八卷，人民出版社1999年版，第299页。

抗大

　　抗大，即中国人民抗日军事政治大学，1936 年 6 月在陕西瓦窑堡成立，不久后迁往陕西保安（今志丹县）。它是土地革命战争时期和抗日战争时期，中国共产党为培养抗日干部而设立的学校。它最初名为中国人民抗日红军大学，1937 年 1 月，改名为中国人民抗日军事政治大学，迁往陕西延安。抗大的学员主要以部队中的红军干部以及来自全国各地的知识青年为主。1939 年，抗大总校迁往晋冀豫边区，并在各主要根据地先后创办 12 所分校。1943 年，总校迁回陕西绥德。1945 年 8 月，中国人民抗日军事政治大学结束。

例，深入浅出，通俗生动，听课的人都非常有兴趣。"[1] 还有后来成为新中国经济战线重要领导人的余秋里，也是当时听课的学员之一，据他晚年回忆："我们最感兴趣、受教育最深的，是听毛主席讲'辩证唯物论'……毛主席讲课深入浅出，风趣生动……对我们端正思想路线，树立实事求是、一切从实际出发的思想起了重要的

1　中央文献研究室《党的文献》、《文献与研究》编辑部编：《治国与读史：领袖人物谈历史文化》，中央文献出版社 2008 年版，第 88 页。

作用。"[1]

因为课程安排得比较紧，毛泽东的备课任务非常繁重。他每次都是认真准备讲稿，经常是通宵达旦。据曾担任过毛泽东秘书的郭化若回忆，毛泽东曾经讲过："我花了四夜三天的时间，才准备好了讲课提纲，讲矛盾统一法则，哪知只半天就都讲完了。岂不折本了吗？"[2]1960年，毛泽东说："写《实践论》、《矛盾论》，是为了给抗大讲课。他们请我讲课，我也愿意去当教员。去讲课，可以总结革命的经验。讲一次课，整整要花一个星期的时间做准备，而且其中还要有两个通宵不睡觉。准备一个星期，讲上两个钟头的课，就卖完了。课不能照书本子去讲，那样讲，听的人要打瞌睡。自己做准备，结合实际讲，总结革命经验，听的人就有劲头了。"可见，毛泽东备课是非常认真的。

毛泽东这三个月的讲授成果写成了6万多字的《辩证法唯物论（讲授提纲）》，分三章。其中，"实践论"和"矛盾统一法则"这两个部分占了整个讲授提纲的一半还多，是论述最为详细、深刻、精彩的内容。这两部分也是"两论"的雏形。新中国成立后，毛泽东亲自校阅、修改，将提纲中的"实践论"和"矛盾统一法则"分别定名为《实践论》《矛盾论》，并于1950年12月和1952年4月在《人民日报》公开发表。这两篇著作以实践为主要源泉，对中国国情的分析非常准确和科学，充满着实事求是的创造精神，闪烁着马克思主义唯物辩证法的哲学思想光芒。

· · ·

1 余秋里:《余秋里回忆录》上册，人民出版社2011年版，第45页。
2 《毛泽东同志八十五诞辰纪念文选》，人民出版社1979年版，第128页。

二、"两论"的现实需要

新中国成立后,毛泽东在一次谈话中感慨道:"我们在第二次国内战争末期和抗战初期写了《实践论》、《矛盾论》,这些都是适应于当时的需要而不能不写的。"[1]为何"不能不写"?

中共中央和中央红军到达陕北后,特别是 1937 年前后,我们党有了相对比较稳定的环境,这就给毛泽东留出了一个能够集中思考党的历史的阶段。同时,中国政治局势也正处在由国内战争向全民族抗战转变的历史时刻。面对错综复杂、变化多端的国内外各种矛盾等客观形势,党内迫切要求统一思想认识,对当前形势作出科学的判断,从而制定出正确路线和策略。但当时党内思想并不统一,教条主义、经验主义等各种错误思想仍然阻碍和禁锢着党的正确路线、策略的制定和执行。

从 1921 年到 1937 年,中国共产党 16 年的发展过程是一条极其艰难曲折的历程。中国共产党在同帝国主义、封建主义、国民党反动派作斗争的同时,还要同党内各种错误思想作斗争。我们遭遇了 1927 年和 1934 年两次失败的沉痛教训,这两次挫折虽然与敌我力量对比悬殊有很大关系,但党内的错误思想路线也是导致失败的重要原因。

这使毛泽东越来越深刻地意识到,"一切大的政治错误没有不是离开辩证唯物论的"[2]。如果对这些问题和之前遭受的挫折不能从

...

1 《毛泽东文集》第八卷,人民出版社 1999 年版,第 109 页。
2 《毛泽东哲学批注集》,中央文献出版社 1988 年版,第 311—312 页。

思想理论高度上加以解决，中国革命就不能前进一步。清算党内存在的错误思想，从而确立我们党的正确思想，正是"两论"重要的写作动机，也是毛泽东"不能不写"的理由之一。

中国共产党在成立之后存在的错误思想路线主要是以陈独秀为代表的右倾机会主义和以王明为代表的"左"倾冒险主义。这两种错误主张虽在政治上表现不同，但在思想路线上有其共同点：理论脱离实际、主观背离客观，提出与中国国情不符、混淆社会矛盾的路线方针政策。1957年3月10日，毛泽东同新闻出版界代表的谈话中总结道："教条主义和右倾机会主义都是片面性，都是用形而上学的思想方法去片面地孤立地观察问

1934年4月10日至28日发生的广昌保卫战是第五次反"围剿"中规模和影响最大的一次战斗。红军遭受重大伤亡，广昌失守。图为广昌保卫战遗址　海峰/供图↑

题和了解问题。"[1]

在第一次国共合作时期，针对革命领导权的问题，以陈独秀为代表的中央领导，过高地估计敌人力量，过低地估计人民群众的革命力量，看不到革命形势的有利因素，散布悲观情绪；强调中国共产党在野党的角色，放弃对革命的领导权，放弃革命武装，对反动派实行全面退让。1945 年 4 月 20 日，党的扩大的六届七中全会通过的《关于若干历史问题的决议》指出，他们"对于革命前途悲观失望，逐渐变成了取消主义者。他们采取了反动的托洛茨基主义立场，认为一九二七年革命后中国资产阶级对于帝国主义和封建势力已经取得了胜利，它对于人民的统治已趋稳定，中国社会已经是所谓资本主义占优势并将得到和平发展的社会；因此他们武断地说中国资产阶级民主革命已经完结，中国无产阶级只有待到将来再去举行'社会主义革命'，在当时就只能进行所谓以'国民会议'为中心口号的合法运动，而取消革命运动；因此他们反对党所进行的各种革命斗争，并污蔑当时的红军运动为所谓'流寇运动'。他们不但不肯接受党的意见，放弃这种机会主义的取消主义的反党观点，而且还同反动的托洛茨基分子相结合，成立了反党的小组织，因而不得不被驱逐出党，接着并堕落为反革命"[2]。1927 年 7 月 3 日，陈独秀主持召开中共中央党委扩大会议，通过了《国共合作十一条决议》。该决议完全承认国民党"当然处于国民革命之领导地位"；重申共产党人参加国民政府"并不含有联合政权的意义"；要求参加政府工作的共产党员，"为图减少政局之纠分，可以请假"，决议

···

1 《毛泽东文集》第七卷，人民出版社 1999 年版，第 261 页。

2 《毛泽东选集》第三卷，人民出版社 1991 年版，第 956 页。

强调"工农等民众团体均应受国民党党部之领导与监督";工农民众"应依照国民党大会与中央会议之决议案及政府公开之法令",工农武装"均应服从政府之管理与训练"。这些决定最终导致了大革命的失败。可以说,一方面,陈独秀把欧洲社会发展的规律机械地套用于中国的社会条件,主张"二次革命"论;另一方面,他在与国民党的统一战线问题上,也机械地执行共产国际与联共(布)的指示,把革命的希望完全寄托于蒋介石、汪精卫等人,对他们抱有不切实际的幻想,忽视党的领导权与发展党的力量。1945年,毛泽东在党的七大上总结道:"大革命后期,在执行无产阶级领导的人民大众的反帝反封建的革命这条路线上,我们党是犯过错误的,那时光讲无产阶级领导,而实际上放弃了领导……那时候有马克思主义,马克思主义传到中国来,被中国人民拿到了,也实行了,但是又似乎不很多,甚至似乎没有。这就是说,在那时候有一部分人是不懂马克思主义的,那时候我们党的领导中占统治地位的以陈独秀为代表,他到了大革命后期就不要马克思主义了。"[1]

除右倾机会主义之外,党内还长时间地存在着"左"倾错误,主要有三次,分别是瞿秋白的盲动主义、李立三的冒险主义和王明的教条主义。其中,王明的"左"倾教条主义错误持续时间最长,对党的危害最为严重。教条主义主要是指以书本为依据,把书本上的东西教条化,搞本本主义,以书本套实践、定对错。在思想上,将马克思列宁主义教条化、把共产国际决议和苏联经验神圣化。

中国共产党成立初期,作为共产国际的东方支部,长期受共产

---

1 中共中央文献研究室编:《毛泽东在七大的报告和讲话集》,中央文献出版社1995年版,第108页。

国际的领导。共产国际与中国共产党的关系十分密切。在中国共产党早期，党的领导集体对马克思主义理论缺乏了解，对中国应当如何革命缺乏实践经验。在这时，共产国际极大地帮助了中国共产党认识、了解中国社会的性质，极大地帮助了中国共产党打破对资产阶级的革命的幻想，提出了暴力革命的战略思想。这些主张和策略曾有力地提升了中国共产党的政治斗争能力，促进了中国共产党的发展壮大。但在后期，随着中国共产党的一步步强大，对中国革命有了更加深入的认识，共产国际就表现出对中国革命的过分干涉。一是共产国际从欧洲，特别是从俄国革命的经验出发制定的各种战略思想并不适合中国的实际情况，这不可避免地妨碍了中国的革命进程。例如 1927 年国共关系破裂后，共产国际在中国推行苏维埃革命和暴动政策，将中国的资产阶级甚至小资产阶级一并排除在革命队伍之外，并列为打压的对象，把一切可能联合的对象都推向了敌人的一边，"形成了自己的严重的关门主义，使自己远落于中国人民的政治生活之后。这个关门主义错误所造成的孤立和落后的状况"[1]，最终导致中国共产党成为"孤家寡人"。二是俄国在十月革命胜利后一直受到国际社会的孤立，导致其在处理国际关系时首先考虑的是如何维护自己的利益。共产国际多次向各国共产党提出"武装保卫苏联"的口号，他们认为，苏联是世界共产主义运动的中心，保卫苏联，就是保卫世界革命。

作为共产国际的中国代言人王明上台的口号是"为中共更加布尔塞维克化而斗争"。所谓"布尔塞维克化"，就是要"百分之百的忠实于共产国际的路线"，这深得莫斯科的要旨，因而得到共产国

· · ·

1 《毛泽东选集》第三卷，人民出版社 1991 年版，第 974 页。

关门主义

关门主义是指党的组织发展工作中的一种偏向，即忽视或以各种理由拒绝接收符合党员条件的同志入党。在全民族抗日战争时期，关门主义的主要错误在于不相信许多中间阶层有参加抗日的作用。

际的赞赏。王明怀着对莫斯科的崇敬和虔诚，忠实地执行莫斯科的指示。王明长期拒绝中国革命的经验，不研究中国革命的实际，否认"马克思主义不是教条，而是行动指南"，只知道"唯书""唯外""唯上"，生吞活剥马克思列宁主义经典著作中的只言片语，生搬硬套马克思主义经典著作中的理论话术，不顾中国共产党力量的长足发展，甚至不惜牺牲中国党和军队的利益，片面地附和苏联和共产国际，结果往往事倍功半，得不偿失。正是由于王明的错误路线和方针，中国革命力量遭受极为严重的损失，甚至几乎断送。

王明奉行本本主义，只知照抄照搬，忽视中国国情，这与他的个人经历有很大关系。他几乎从未有过基层工作经验，既未到过农村革命根据地，又无白区基层工作的经验，还缺乏军事实践和群众运动的经验。他在武昌上大学时虽参加过一点学生运动，但没毕业就被送到莫斯科中山大学学习。毕业以后，先是在莫斯科中

知识链接

莫斯科中山大学

莫斯科中山大学，俄文全称"中国劳动者孙逸仙大学"，孙中山去世后，苏共领导层决定对中国革命投入更大的资本，除枪炮支援外，还创办了一所学校，以孙中山的旗帜，招徕大批中国先进青年。其目的在于用马克思主义理论培养中国共产主义运动的干部，培养中国革命的布尔什维克干部，并成为今后中苏关系的纽带。该校曾培养出王明、博古、张闻天、邓小平和蒋经国等中国国共两党的重要人物。

山大学留校任教，后回到中国就在中央机关工作。在1931年1月党的六届四中全会上王明就走上了中央领导岗位，此时的他年仅27岁。同年9月他回到苏联，在共产国际做领导工作，一待就是6年。1937年底回国后，他又在中央担任领导工作。顺风顺水的王明以共产国际为靠山，身居高位，傲慢自大，打着共产国际的旗号来吓唬人。当实践证明他错了，受到中共中央批评时，他为了保住自己的权力和地位，不是虚心检讨错误，而是千方百计加以敷衍和辩护。因此，只能在错误的道路上越走越远。作为王明路线的坚定执行者，博古在中央苏区将王明"左"倾教条主义这一错误主张推向了顶峰，他看不到日本侵略引起中国社会阶级关系的新变化，片面强调苏维埃政权与国民党政权的对立，排斥一切中间势力；错误地开展反对"罗明路线"的斗争，反对以毛泽东为代表的正确路线的主张，指责毛泽东为"狭隘的经验论"；极力夸大革命形势，最终导致了第五次反"围剿"的失败。

在政治上，"左"倾教条主义混淆了新民主主义革命和社会主义革命的一定界限，并主观地急于要超过新民主主义革命。在军事上，否认了敌强我弱的前提，要求战略的速决战和战役的持久战；要求"全线出击"和"两个拳头打人"；反对诱敌深入，把必要的转移当作所谓"退却逃跑主义"；主张"御敌于国门之外"；继则实行防御中的保守主义，主张分兵防御，"短促突击"，同敌人"拼消耗"。在组织上，把党内一切因为错误路线行不通而对它采取怀疑、不同意、不满意、不积极拥护、不坚决执行的同志，不问其情况如何，一律错误地戴上"右倾机会主义""富农路线""罗明路线""调和路线""两面派"等大帽子，而加以"残酷斗争"和"无情打击"，甚至用对罪犯和敌人作斗争的方式来进行这种"党内斗争"。

可以说，以王明为代表的"左"倾教条主义给党的革命事业带来巨大的损失。1945 年 4 月 20 日，党的扩大的六届七中全会通过的《关于若干历史问题的决议》指出，他们"披着'马列主义理论'的外衣，仗着六届四中全会所造成的政治声势和组织声势，使第三次'左'倾路线在党内统治四年之久，使它在思想上、政治上、军事上、组织上表现得最为充分和完整，在全党影响最深，因而其危害也最大。但是犯这个路线错误的同志，在很长时期内，却在所谓'中共更加布尔什维克化'、'百分之百的布尔什维克'等武断词句下，竭力吹嘘同事实相反的六届四中全会以来中央领导路线之'正确性'及其所谓'不朽的成绩'，完全歪曲了党的历史"[1]。

1935 年 1 月，中央政治局在长征途中举行遵义会议，结束了王明"左"倾教条主义在党中央的统治，事实上确立了毛泽东在党中央和红军的领导地位，开始确立以毛泽东同志为主要代表的马克思主义正确路线在党中央的领导地位，开始形成以毛泽东同志为核心的党的第一代中央领导集体，开启了党独立自主地解决中国革命实际问题的新阶段。但是，遵义会议毕竟是在国民党军队围追堵截红军的长征途中举行的，只能对当时最迫切的军事问题和中央领导机构问题做些调整。这时，要就多年来党的工作中所有重大问题的是非展开讨论，尤其是对深层次的思想路线和思维方式问题进行拨乱反正是不可能的。到达陕北后，毛泽东撰写了《论反对日本帝国主义的策略》《中国革命战争的战略问题》等著作，解决了政治路线和军事路线等一系列重大问题。但是，一定的政治路线和军事路线是以一定的思想路线为基础的，仅有对错误的政治路线和军事路线的批判，还不可能彻底克服其错误和影响，因此，还必须从思想路线上对党内存在的各种各样的错误思想，特别是"左"倾教条主义进行彻底清算。

不可否认，党内错误思想的发生有着极其深刻的根源。其一，由于共产国际并不完全了解中国革命的特点，更多地从自身出发，而不是从中国革命的实际出发，因此，对中国革命造成了很大的损害。其二，党内一些人的偏执思维，只知道做苏联经验的学生，而不知道从本国革命的实际出发。所以，毛泽东曾经批判这些人："研究中共党史，应该以中国做中心，把屁股坐在中国身上。世界的资

. . .

1 《毛泽东选集》第三卷，人民出版社 1991 年版，第 968 页。

本主义、社会主义，我们也必须研究，但是要和研究中共党史的关系弄清楚，就是要看你的屁股坐在哪一边，如果是完全坐在外国那边去就不是研究中共党史了。我们研究中国就要拿中国做中心，要坐在中国的身上研究世界的东西。我们有些同志有一个毛病，就是一切以外国为中心，作留声机，机械地生吞活剥地把外国的东西搬到中国来，不研究中国的特点。不研究中国的特点，而去搬外国的东西，就不能解决中国的问题。"[1] 其三，党内存在急切取得胜利的焦躁情绪，但由于一些党员科学文化水平比较低，难以真正理解和接受马克思主义，无法自觉地运用其解决中国革命的问题，照抄照搬，将马克思主义教条化。"照抄是很危险的，成功的经验，在这个国家是成功的，但在另一个国家如果不同本国的情况相结合而一模一样地照搬就会导向失败。照抄别国的经验是要吃亏的，照抄是一定会上当的。这是一条重要的国际经验。"[2]

1937 年七七事变后，抗日民族统一战线正式形成，中国共产党面临着全面抵抗日本帝国主义的侵略，争取民族独立和人民解放的新的历史任务。中国共产党的领导责任更大了。面对这样的新情况和新问题，有必要从理论上帮助全体党员和干部提高马克思主义的思想认识水平，增强贯彻落实党的路线方针的理论自觉，学会运用科学的观点和方法观察、分析和解决实际工作中遇到的各种问题，从而正确地指导革命实践。

如上所述，在党内各种思想并不统一。教条主义仍然阻碍着党的正确路线、策略的制定和执行。面对这些问题，如不能从思想理

• • •

1 《毛泽东文集》第二卷，人民出版社 1993 年版，第 407 页。
2 《毛泽东文集》第七卷，人民出版社 1999 年版，第 64 页。

论的高度上加以解决，中国革命就不能前进一步。因此，中国共产党面对错综复杂、变化多端的国内外客观形势，迫切需要从哲学理论的高度彻底厘清党内的种种错误认识，批判错误路线的世界观，批判作为主观主义表现形式的教条主义、经验主义的思想方法，用马克思主义认识论和辩证法的基本观点教育干部。

创作"两论"正是为了承担和解决这一重大任务。毛泽东通过对两次国内革命战争特别是第二次国内革命战争的经验进行总结，从哲学上展开了对实践和矛盾问题的深入分析，并由此得出了一系列重要结论，使广大干部受到了一次马克思主义世界观、方法论和思想路线的深刻教育。实践证明，这种针对某一特定历史时期斗争经验进行的哲学总结，既能帮助广大干部正确认识党的历史，又能提高他们的思想理论水平，对党和人民的事业发展有着十分重要的作用。

三、"两论"的理论准备

1949 年 6 月 30 日，毛泽东在总结中国革命历史并宣布基本国策的《论人民民主专政》一文中指出："十月革命一声炮响，给我们送来了马克思列宁主义。"[1] 的确，马克思主义早在 19 世纪 40 年代于欧洲创立并在世界范围内产生影响，但最初来到中国时，只是被孙中山、朱执信、梁启超等人提及。直到俄国十月革命胜利后，越来越多的中国先进知识分子开始接受马克思主义这一科学的理论。1918 年 7 月，李大钊发表了《法俄革命之比较观》一文，

• • •

[1]《毛泽东选集》第四卷，人民出版社 1991 年版，第 1471 页。

认定资本主义文明"当入盛极而衰之运"。在同年 11 月发表的《庶民的胜利》《Bolshevism 的胜利》两文中，他指出十月革命"是二十世纪中世界革命的先声"，确信"将来的环球，必是赤旗的世界"，以表示对马克思主义的支持和赞扬。1919 年 5 月，李大钊为《新青年》主编《马克思主义研究专号》，发表自己撰写的《我的马克思主义观》，阐述了马克思主义的唯物史观、科学社会主义和政治经济学，指出这三个部分"都有不可分割的关系，而阶级竞争恰如一条金线，把这三大原理从根本上联络起来"。这是第一篇真正意义上介绍马克思主义的长文，是对马克思主义较系统、完整的介绍，标志着马克思主义在中国的传播进入了一个新阶段，也标志着中国最早一批先进知识分子对马克思主义的接受和理解。

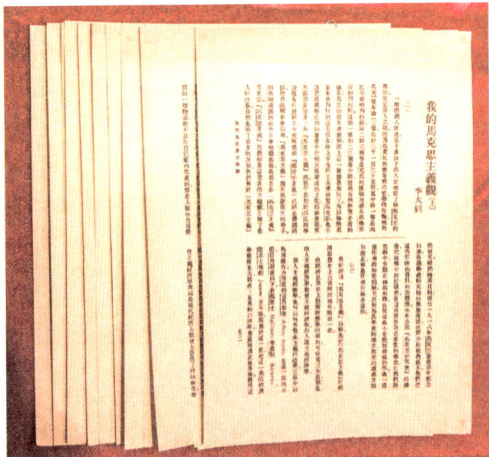

马克思主义理论中提及的暴力革命、经济在社会发展中的作用以及线性发展观等论断吸引了大批的中国先进知识分子，加上俄国十月革命的胜利更是推进了马克思主义在

图为 1919 年 9 月，李大钊在《新青年》第六卷上发表的《我的马克思主义观》一文 海峰 / 供图↑

中国的传播面和影响力。它非常适合中国人民救亡图存的需要，正如瞿秋白在《饿乡纪程》中所说的，"中国民族几十年受剥削，到今日才感受殖民地化的况味。帝国主义压迫的切骨的痛苦，触醒了空泛的民主主义的噩梦。学生运动的引子，山东问题，本来就包括在这里。工业先进国的现代问题是资本主义，在殖民地上就是帝国主义，所以学生运动倏然一变而倾向于社会主义"[1]。之后，经过李大钊、陈独秀等人对马克思主义的传播，一批爱国的进步青年，尤其是那些具有初步共产主义思想的知识分子，经过各自的摸索逐步划清了资产阶级民主主义和无产阶级社会主义、科学社会主义和其他社会主义流派的界限，走上了马克思主义的道路。正是在这个时期，毛泽东成为马克思主义者。1936年，他在同斯诺的谈话中提及："一九二○年冬天，我第一次在政治上把工人们组织起来了，在这项工作中我开始受到马克思主义理论和俄国革命历史的影响的指引。我第二次到北京期间，读了许多关于俄国情况的书。我热心地搜寻那时候能找到的为数不多的用中文写的共产主义书籍。有三本书特别深地铭刻在我的心中，建立起我对马克思主义的信仰。我一旦接受了马克思主义是对历史的正确解释以后，我对马克思主义的信仰就没有动摇过……到了一九二○年夏天，在理论上，而且在某种程度的行动上，我已成为一个马克思主义者了，而且从此我也认为自己是一个马克思主义者了。"[2]

马克思主义在中国的传播主要有两个阶段。第一个阶段主要是以论述、翻译和介绍马克思主义的著作为主，重点宣传唯物史观方

1 《瞿秋白文集·文学编》（第1卷），人民文学出版社1985年版，第26页。
2 中共中央文献研究室编：《毛泽东年谱（1893—1949）》（上），中央文献出版社1993年版，第57页。

面的著作，表现出不准确和不全面的特点。

从第一次国内革命战争失败以后到"两论"的产生，这是马克思主义传播的第二个阶段，以宣传唯物辩证法等马克思主义哲学为主，呈现出从译介型上升为著述型、从通俗普及型上升为理论研究型、从学理型上升为现实型、从日常生活型上升为总结革命经验型、从诠释型上升为创造型的发展态势。

一种外来思想进入中国，首先面临着被选择和鉴别的过程。马克思主义进入中国并不是一帆风顺的，从最初传入时经历了与中国传统文化的时空对话、与各种非马克思主义的社会思潮的理论碰撞，再到被确立为党的指导思想后又经历了与三民主义、自由主义、科学主义等思潮的交锋。当然，没有思想的交锋就不会有理论的发展，这些都促进了马克思主义中国化的进一步发展。

爆发在20世纪二三十年代的中国思想界的论战，有力地推动了马克思主义的传播。20世纪二三十年代中国思想理论界主要围绕中国社会的性质进行学术论战，围绕当时的中国社会究竟是资本主义社会还是半封建半殖民地社会的问题展开。论战的焦点最开始是关于中国社会性质问题，此后又论及中国社会史问题和中国农村性质问题。与有关社会性质的大论战相呼应的是，中国思想界展开了有关辩证法的论战，亦称"哲学论战"。1930年至1936年，中国哲学界就哲学消灭与否、本体论与认识论的关系、唯物辩证法的实质等问题进行了一次论战。从某种意义上来说，这些论战正是马克思主义在中国迅速传播的结果。但这也同时加速了反对共产主义者的文化"围剿"。张东荪等人发表《我亦谈谈辩证法的唯物论》《唯物辩证法之总检讨》等文章，并编辑《唯物辩证法论战》一书，宣传新康德主义，提出"架构论的宇宙观""多元认识论"等理论，公开反对马克思主义哲学。与此同时，国民党理论家叶青等人也发表了大量文章，撰写《哲学向何处去》一书，编辑《哲学论战集》等，以机械论批判张东荪的理论，提出"哲学消灭论""物心综合论""生产工具论"等理论，这实际上是对马克思主义哲学的歪曲。这时，艾思奇、邓云特（邓拓）等马克思主义者则认为需要对马克思主义进行澄清，明确什么是马克思主义。于是，他们相继发表了一系列文章，特别是 1934 年以后，艾思奇在《读书生活》杂志上连载《哲学讲话》一文，进行系统宣传马克思主义哲学工作。这有力地批驳了张东荪、叶青等的哲学思想。他探讨了马克思主义在哲学史上的重大意义、哲学的本质与定义、哲学与科学的关系、运动

知识链接

张东荪

张东荪（1886—1973 年），中国传播社会主义思潮最早的宣传者之一，受邀参与中共上海发起组。当他发现自己信仰的社会主义并非归属于马克思的科学社会主义时，便又最早退出中共上海发起组。1948 年 5 月与中国民主同盟领导人一起拥护中国共产党召开新政协的号召。中华人民共和国成立后，担任中央人民政府委员、政务院文化教育委员会委员等职。著有《道德哲学》《认识论》《科学与哲学》等。

与静止、内因与外因、生产力与生产关系等问题。可以说，这一系列的论战不仅对厘清人们头脑中的错误观点有重要帮助，还有力地促进了马克思主义哲学在中国的研究和传播，扩大了辩证唯物主义和历史唯物主义在中国的影响。

从"两论"来看，一方面，马克思主义在中国的传播和发展是毛泽东创作"两论"的理论背景，为"两论"的创作提供了理论支撑；另一方面，"两论"的创作在马克思主义传播中也起到了重要意义。

自马克思主义进入中国并被传播，实际上就面临着如何中国化的问题。马克思、恩格斯的革命理论，主要是以欧洲发达资本主义国家为模式，是从资本主义条件下无产阶级革命运动的经验中得出的社会主义革命学说，虽然它给落后国家的无产阶级指明了前进的方向，但它的某些具体革命理论与策略，与东方如中国这样的落后国家相去甚远。另外，在他们的著作中虽然对于东方社会进行了一定的考察，提供了关于落后国家分析的一般原理与方法，但并没有针对这些资本主义发展极其微弱的落后国家特别是殖民地半殖民地国家进行具体、针对性的深入的分析。因此，就需要将其中国化，具体来说就是一个中西文化重构的过程。正如李大钊在1919年所说的："大凡一个主义，都有理想与实用两面。例如民主主义的理想，不论在哪一国，大致都很相同。把这个理想适用到实际的政治上去，那就因时、因所、因事的性质情形，有些不同。社会主义，亦复如是……一个社会主义者，为使他的主义在世界上发生一些影响，必须要研究怎么可以把他的理想尽量应用于环绕着他的实境。"[1]

···

1　中国李大钊研究会编注：《李大钊选集》第三卷，人民出版社1999年版，第3页。

马克思主义是西方文化的精华，它进入中国，面临着从西方文化场向东方文化场的转移，必须与东方文化相融合，也就是说它要经过一个自我改造的过程，即实现其中国化的过程。它既要超越中国旧有文化的束缚和局限性，又要植根于中国传统文化；既要满足中国历史发展的特殊需求，又要符合中国革命的实际特征。

以毛泽东同志为主要代表的中国共产党人通过中国革命的曲折经验和失败教训，也逐步意识到马克思主义中国化的重要性与必要性。中国，不像俄国只是一般的资本主义发展落后的国家，而是一个半殖民地半封建的特殊国家，具有悠久的封建专制历史，幅员辽阔，农村人口众多，社会经济发展极不平衡；同时，半殖民与半封建的性质使中国的民族矛盾与阶级矛盾呈现出相互交织异常复杂的状态。为此，要想从马克思、恩格斯的著作中找到适合中国革命的现成答案是很难的。因此，毛泽东特别强调从对中国革命的具体实践和特殊规律的认识中去掌握马克思列宁主义的普遍原理，这也使马克思主义哲学的传播升华到了一个新的阶段。正如毛泽东在1938年10月党的扩大的六届六中全会上的政治报告中所说："共产党员是共产国际的马克思主义者，但是马克思主义必须和我国的具体特点相结合并通过一定的民族形式才能实现……因此，使马克思主义在中国具体化，使之在其每一表现中带着必须有的中国的特性，即是说，按照中国的特点去应用它，成为全党亟待了解并亟须解决的问题。"[1]

毛泽东对马克思主义的学习和发展的过程是非常有意思的。在1928年10月到1930年1月，毛泽东先后撰写了《中国的红色

· · ·

1 《毛泽东选集》第二卷，人民出版社1991年版，第534页。

政权为什么能够存在？》《井冈山的斗争》《星星之火，可以燎原》等重要文章，从中国革命的实际出发，提出了"农村包围城市"的战略主张。1930年5月，毛泽东撰写了《反对本本主义》，提出"没有调查，没有发言权"的论断，并初步形成了实事求是的思想特征。然而党的六届四中全会王明上台以后，以王明为代表的"左"倾教条主义路线在较长一段时间内阻碍着中国革命的前进，王明等一批不懂得中国社会实际的留苏学生，仅因为他们对马克思列宁主义的著作倒背如流，就以"马列主义理论家"自居，动辄拿"本本"来唬人，狂妄地宣称"山沟里出不了马列主义"，并对毛泽东的正确主张横加指责，认为是"狭隘的经验论""富农路线""右倾机会主义"等。在1932年10月召开的宁都会议后，毛泽东竟被撤销

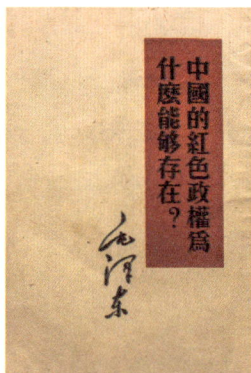

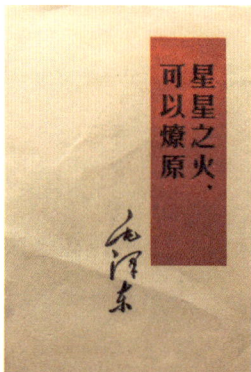

图为毛泽东著作《中国的红色政权为什么能够存在？》《井冈山的斗争》《星星之火，可以燎原》《反对本本主义》 海峰／供图↑

了军事领导职务。从此，毛泽东就挂着当时中华苏维埃共和国临时中央政府主席的虚衔养病、视察、蹲点、督导或者"随军行动"。他眼睁睁地看着亲手创建的中央苏区一天天缩小，最后丢个精光，不得不进行战略转移。直到1935年1月遵义会议，才事实上确立了毛泽东在党中央和红军的领导地位。可以说，这段经历对于毛泽东而言是刻骨铭心的，也促使了他对马克思主义经典著作的阅读。为了回击王明等人的指责，他到处找马克思列宁主义的书籍来读，甚至在长征路上因患病躺在担架上还在读《反杜林论》。正因如此，后来他对外国人说："我是在马背上学的马列主义。"

中央红军到达陕北后，1935年11月，爆发了直罗镇战役，红军共歼灭国民党东北军1个师又1个团，击毙师长牛元峰，俘虏5300余人，缴枪3500余支。直罗镇战役的胜利，是红一军团和红十五军团两支红军部队团结一致、协同作战的结果。它打破了蒋介石对陕甘苏区发动的第三次大规模"围剿"，为中国共产党把全国革命的大本营放在西北，举行了奠基礼，也为红军提供了一个难得的休整时间。另一个事件是西安事变。时任西北"剿匪"副总司令、东北军将领的张学良和时任国民革命军第十七路军总指挥、西北军将领的杨虎城于1936年12月12日，在西安发动西安事变，其目的是"停止剿共，改组政府，出兵抗日"。西安事变最终以迫使蒋介石接受"停止'剿共'，一致抗日"的主张、促进了第二次国共合作而得到和平解决。于是，延安有了相对安全的环境，国内翻译出版的一些马克思主义理论著作和文章已经能传送到这里，读书条件明显得到改善。毛泽东读书的时间相对增多。为了批判王明等人的"左"倾教条主义，总结中国革命的丰富经验以及个人的兴趣爱好，毛泽东开始系统地阅读马克思列宁主义哲学著作和相关读物。凡是在延安能找到的马列哲学著作和有关读物，他都找来读；在延安没有的，他就写信请在"外面"（即国统区大城市）从事统战工作的同志买来读。美国著名记者斯诺在《西行漫记》中对毛泽东发愤攻读哲学书的情况有生动感人的记载。他写道："毛泽东是个认真研究哲学的人。我有一阵子每天晚上都去见他，向他采访共产党的历史，有一次一个客人带了几本哲学新书来给他，于是毛泽东就要求我改期再谈。他花了三四夜的工夫专心读了这几本书，在这期间，他似乎是什么都不管了。"可以说，那个时候的毛泽东对于读书是"如饥似渴"。他读的哲学书籍大体有四类：第一类是马克思主义原著，从早年读过的《共产党宣言》《资本论》《反杜林论》《谈谈辩证法问题》《唯物主义与经验批判主义》直到《哲学笔记》节译本，普列汉诺夫的《论一元论历史观的发展》等书。第二类是外国的哲学教科书和通俗读本，主要是苏联的哲学教科书，如西洛可夫（现译希罗科夫）、爱森堡（现译艾森贝格）等合著的《辩证法唯物论教程》，米丁等著的《新哲学大纲》，米丁主编的《辩证唯物论与历史唯物论研究提纲》（上册）等。第三类是中外哲学史家的著作（包括介绍他们哲学思想的读物），有些书他早年就读过，这时又进一步研究，如中国古代的诸子百家、古希腊哲学家的著作和西方近代哲学家的著作，如塔尔海玛的《现代世界观》。第四类是中国现代哲学家写的教科书和通俗读物，如艾思奇的《哲学与生活》和《哲学选辑》、李达的《社会学大纲》。延安时期毛泽东为什么如此发愤阅读哲学书呢？他曾在一次谈话中风趣地解释说：有一位同志（指王明）给我一顶"狭隘经验主义"的帽子，这才逼得我发愤读书。还有一个原因，在他 1939 年 1 月 17 日写给何干之的信中是这样说的，"我的工具不够"，"今年还只能作工具的

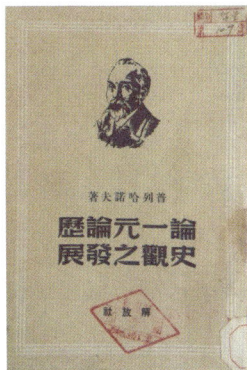

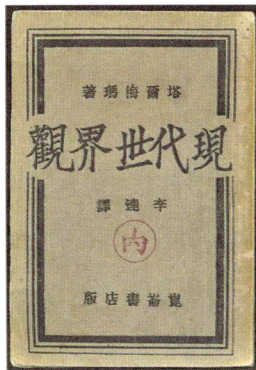

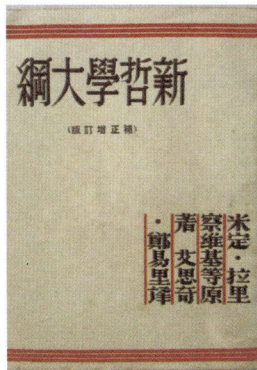

研究，即研究哲学，经济学，列宁主义，而以哲学为主"。此外，他还组织学者讨论哲学问题。据郭化若、莫文骅回忆，1938年9月间，毛泽东约集他俩和许光达、陈伯钧、萧劲光、萧克、何思敬、艾思奇、任白戈、徐懋庸等十余人，召开哲学座谈会。"采取的方式是每周讨论一次，晚上七八点钟开始，持续到深夜十一二点钟。每次讨论都是由哲学家艾思奇、和培元等先讲，然后讨论。毛泽东同志除了插话，都是在最后讲自己的看法。议论的中心围绕军事辩证法问题较多。实际上是对红军在10年土地革命战争中的经验教训进行理论上的探讨。"[1] 毛泽东读书有一个习惯，爱在书上勾画、批注。

图为毛泽东阅读的部分哲学著作↑

[1] 刘先廷：《毛泽东军事辩证法论纲》，解放军出版社1993年版，第3页。

《辩证唯物论与历史唯物论研究提纲》

《辩证唯物论与历史唯物论研究提纲》，米丁主编，于1933年出版，较为系统地阐述了马克思主义哲学的基本原理。中译本于1936年12月由中山文化教育馆编辑，商务印书馆出版。

书页的天头、地脚、边缝、中空都圈点、批注得密密麻麻。他对西洛可夫、爱森堡等合著的《辩证法唯物论教程》第3版研读了多遍，许多章节至少批注了4遍，共写了1.2万多字的批注。这是目前毛泽东读书批注文字最多的一本。他对另一本米丁主编的教科书《辩证唯物论与历史唯物论研究提纲》也作了多遍研读，写了2600多字的批注。在这样的情况下，毛泽东对马克思主义哲学进行了极为系统和深入的反思，使中国共产党人有了自己的哲学、革命理论，也使马克思主义哲学的传播升华到了一个新的阶段。可以说，毛泽东学习马克思列宁主义著作，对他哲学思想的发展起了较大影响，也为他写作"两论"提供了直接的理论准备。毛泽东的阅读和批注有对原著的概述、归纳，也有对原著观点的批评、质疑，然而更多也最具特点、最有针对性的，是他联系中国实际、联系中国共产党党内存在的教条主义所作的发挥。毛泽东作为职业革命家、军事家，长期戎马倥偬，日理万机，没有太多的闲暇从事纯哲学理论的研究。因此，他的许多论著多是运用马克思主义的世界观和方法论对具体的政治、经济、文化、思想、军事、党建等问题作具体分析。

总之，除以上因素外，"两论"的写作还受到了共产国际方面的影响。例如，20世纪30年代，苏联的社会主义事业蓬勃发展，苏联哲学界对德波林学派进行了有力的批判，消除、割断了党内教条主义者思想理论的国外根源，这一有利的国际环境也为中国重新理解和学习马克思主义提供了一个良好的契机。

《实践论》的内容解说

实践、认识、再实践、再认识，这种形式，循环往复以至无穷，而实践和认识之每一循环的内容，都比较地进到了高一级的程度。这就是辩证唯物论的全部认识论，这就是辩证唯物论的知行统一观。

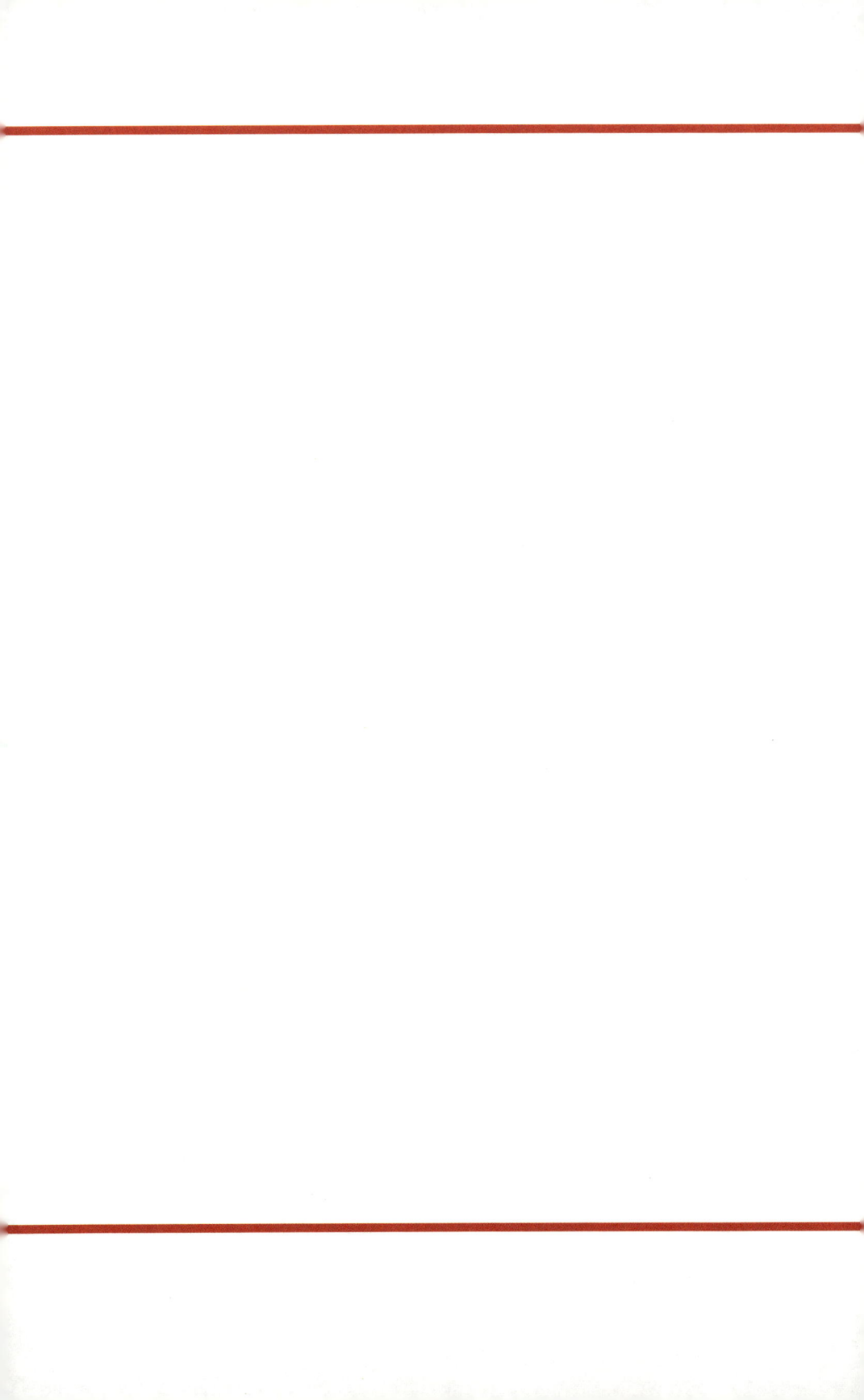

《实践论》，最初是 1937 年 7 月毛泽东在延安抗大讲授《辩证法唯物论（讲授提纲）》的一部分。新中国成立后，在编辑《毛泽东选集》时，《辩证法唯物论（讲授提纲）》的第二章第十一节"实践论"单独成篇，保持原题"实践论"。在整理编辑后，收入 1951 年 10 月出版的《毛泽东选集》第一卷。人民出版社 1991 年出版的《毛泽东选集》第二版也是收入第一卷。

《实践论》是毛泽东关于马克思主义认识论的代表性著作，其副标题为"论认识和实践的关系——知和行的关系"。通过副标题，可以看出，这本书主要是围绕认识与实践、知与行的关系展开的。从中国传统哲学来看，知与行的关系是一个经典命题，代表性观点有：行先于知，由行致知；知之明也，因知进行；以行验知，以行证知；知行并进，相资为用；等等。当然，在《毛泽东选集》第一卷《实践论》下面的注释中也详细地说明了这一篇目的内容："是为着用马克思主义的认识论观点去揭露党内的教条主义和经验主义——特别是教条主义这些主观主义的错误而写的。因为重点是揭露看轻实践的教条主义这种主观主义，故题为《实践论》。"[1] 这一针见血地指出了《实践论》的根本要义所在。

《实践论》全文 9340 字左右，共 26 个自然段。毛泽东从马克思主义认识论的理论高度，科学总结了中国共产党建立 16 年以来的历史经验，对历次"左"、右

· · ·

[1] 《毛泽东选集》第一卷，人民出版社 1991 年版，第 282 页。

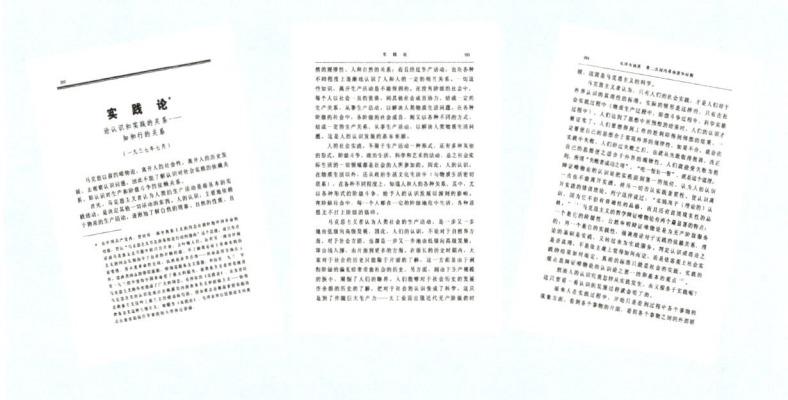

倾错误产生的思想根源作出了深刻的分析。该文论证了实践与认识的关系、认识的过程、认识过程的特点、人类认识发展的总规律，科学地解决了几千年来中国哲学史上争论不休的知行关系问题，尤其对马克思列宁主义的普遍真理同中国革命的具体实践相结合的必要性和方法论原则作出了系统的哲学论证。

一、实践对认识的基础性作用

实践的观点是马克思主义哲学首要的基本的观点，它贯穿全部辩证唯物主义和历史唯物主义的各个环节。离开了实践，就不能理解马克思主义哲学在人类哲学史上实现的

图为收入《毛泽东选集》第一卷的《实践论》↑

伟大变革，就不能科学地完整地理解马克思主义哲学的本质。

辩证唯物主义认识论是以实践为基础的能动的、革命的反映论。第一段到第五段，毛泽东着重论述了实践对认识的基础性作用，指出实践是认识的来源和检验认识真理性的标准。

1. 认识论的革命

开篇，毛泽东就指出了马克思以前的唯物论的缺点："马克思以前的唯物论，离开人的社会性，离开人的历史发展，去观察认识问题，因此不能了解认识对社会实践的依赖关系，即认识对生产和阶级斗争的依赖关系。"[1]马克思主义哲学与以往的旧哲学的根本区别在于如何对待实践。这也是马克思主义哲学在哲学史上实现的巨大革命。马克思在《关于费尔巴哈的提纲》中明确指出旧唯物主义的缺陷："从前的一切唯物主义（包括费尔巴哈的唯物主义）的主要缺点是：对对象，现实，感性，只是从客体的或者直观的形式去理解，而不是把它们当做感性的人的活动，当做实践去理解，不是从主体方面去理解。"[2]

旧唯物主义与马克思主义不同，把人与客观世界的关系归结为一种认识与被认识的关系，忽视了意识的能动性。旧唯物论认为，思维对存在的反映，只是直观的、被动的、消极的，就像照镜子一样一一对应，他们的认识论是消极的直观的反映论。因此，马克思对旧唯物主义消极认识论把实践排除在认识论之外进行了批判：一是没有把客观世界当作实践的对象来理解，而仅仅作为一种直观的对象；二是把实践从人的认识过程中排斥出去，否定了人类所特有

· · ·

1 《毛泽东选集》第一卷，人民出版社 1991 年版，第 282 页。
2 《马克思恩格斯文集》第 1 卷，人民出版社 2009 年版，第 499 页。

的主观能动性。在马克思看来，这一点却被唯心主义发展了，"和唯物主义相反，唯心主义却把能动的方面抽象地发展了"[1]。唯心论把人的主观能动性"抽象地发展了"，把本来在一定物质条件基础上，在人的实践活动中产生的意识无限夸大，使之成为脱离物质条件和实践活动的东西，并把它看作世界的创造者。唯心论之所以会抽象地夸大人们的能动作用，从认识论上来讲，是他们同旧唯物论一样，不了解实践活动的意义。他们只把人的能动性看作意识的精神活动，而不是看作实践活动，也不知道实践是认识的基础，认识受实践的检验，离开了实践就谈不上能动性。

因此，马克思在批评旧唯物主义和唯心主义的基础上，创立了自己的新唯物主义：基于实践的唯物主义。

从哲学史的角度看，"实践"是一个很早就被提及的问题。早在古希腊时期，实践哲学就诞生了。最初，"实践"一词指一切生命体的活动，后经亚里士多德的发展，专指人的实践行为，但并不是人的具体活动，

· · · ·

1 《马克思恩格斯文集》第 1 卷，人民出版社 2009 年版，第 499 页。

图为马克思　海峰 / 供图↑

而是指人类对实际活动与生活的反思行为。亚里士多德首先在理论哲学、技术哲学与实践哲学基础上，将实践哲学作为一门学科独立了出来。近代哲学主要是对知识的探索和对真理的追问。这一时期，主要将实践作为一种实验科学。这种科学新方法的运用使现代科学几乎在所有重要领域都取得了重大的突破，使人们相信科学无所不能，科学能够为人类活动提供理论依据，能够将人类实践活动和生活全部交付给科学理性来作判断和决定。在科学发展下，人们逐渐以科学为准绳。在康德那里，"实践"被引入哲学。但是他的实践观并没有逃脱伦理实践的范围。费尔巴哈将实践与生活密切联系在一起，但他不了解"革命的""实践批判的"活动的意义。直到马克思才将实践与人的认识密切联系在一起，认为实践就是人能动地改造物质世界的对象性活动。他强调了实践在人类存在中的地

知识链接

康德

　　伊曼努尔·康德（1724—1804 年），德国著名哲学家、作家，德国古典哲学创始人，其学说深深影响近代西方哲学，并开启了德国古典哲学和康德主义等诸多流派。康德是启蒙运动时期最后一位主要哲学家，是德国思想界的代表人物，是西方最具影响力的思想家之一。

位，把人类的基本存在活动即物质生产活动归结为实践，通过实践实现客观世界和主观世界的统一。因此，马克思"发现了"实践的重要性，它是新旧哲学的分水岭，实践成为"物质的实践""革命的实践"。这是哲学史的重要革命，解决了西方自中世纪以来认识论上的主客二分，实现了主客统一。

马克思在《关于费尔巴哈的提纲》中指出："全部社会生活在本质上是实践的。凡是把理论引向神秘主义的神秘东西，都能在人的实践中以及对这个实践的理解中得到合理的解决。"[1]人们的社会生活的基础是实践的活动，生产活动是最基本的实践活动，是决定其他一切活动的东西，一旦离开实践活动，社会生活就将停止，社会就不能存在和发展。社会实践不仅是社会生活的基础，也是理论认识的根源。只有通过实践，才能认识事物，才能解释历史发展的过程和规律。

因此，正确的认识应该源于社会实践。对实践的重新把握和认识是马克思主义哲学的根本特征之一。毛泽东在深入学习马克思主义哲学中关于实践观点的阐释的基础上，从认识论的角度凸显了马克思主义哲学对实践的认识。

2. 实践是认识的来源

毛泽东坚定地指出："离开实践的认识是不可能的。"[2]可以说，这是毛泽东从事革命工作以来得出的一条非常重要的经验。早在1917年7月中旬至8月中旬，毛泽东就与同学萧子升以游学方式、身无分文地在一个月左右时间内徒步游历了长沙、宁乡（今宁乡

...

1 《马克思恩格斯文集》第1卷，人民出版社2009年版，第501页。
2 《毛泽东选集》第一卷，人民出版社1991年版，第288页。

市）、安化、益阳（今益阳市赫山区）、沅江（今沅江市）五县，这期间，受到了农民友善的欢迎和款待。同年寒假，他又步行至浏阳文家市陈赞周同学家探望，晚上同附近的农民谈心。1927年1月4日到2月5日，为了回击和驳斥党内党外对农民运动的责难和否定，他专门从长沙启程到当时农民运动发展最为迅猛的湖南农村考察农民运动。他先后实地考察了湘乡（今湘乡市）、湘潭、衡山、醴陵（今醴陵市）、长沙五县的农民运动情况。每到一地，"召集有经验的农民和农运工作同志开调查会，仔细听他们的报告，所得材料不少"。整个调查历时32天，调查回来后，毛泽东就考察湖南农民运动的情况写报告给中共中央，并着手撰写考察报告。3月，毛泽东的著作《湖南农民运动考察报告》全文首先在中共湖南区委机关刊物《战士》周报上发表。可以说，毛泽东在大革命失败后，提出把武装斗争的重心转向农村，发展农村根据地都与这些调研密不可分。因此，他强调："你要有知识，你就得参加变革现实的实践。你要知道梨子的滋味，你就得变革梨子，亲口吃一吃。你要知道原子的组织同性质，你就得实行物理学和化学的实验，变革原子的情况。你要知道

图为毛泽东撰写的《湖南农民运动考察报告》（复制品）海峰/供图↑

革命的理论和方法，你就得参加革命。"[1]他还说："任何知识的来源，在于人的肉体感官对客观外界的感觉，否认了这个感觉，否认了直接经验，否认亲自参加变革现实的实践，他就不是唯物论者。"[2]所以，他一直强调的重要方法就是"没有调查就没有发言权"。在这里，他清晰地阐明了实践是认识的来源。可能在这里，有人就会产生疑问，"知识改变命运，读书点亮未来"，按照认识源于实践这种提法，是不是就有问题。这里的"读书"是指书本上的知识，并非实践。但是不要忘记，我们从书本中得来的真知识，也都是研究者（作者）实践而来，是建立在间接经验的基础上。

他还详细地研究了实践，将实践分成了不同的层面：生产活动、阶级斗争、政治生活、科学和艺术活动。

其中，生产活动是认识的最基本来源，也是最基本的实践形式，是决定其他一切活动的东西。人们在从事政治活动及其他种种精神文化的活动之前，必先从事生产的活动以满足衣、食、住、行等生活资料的需要。人们要想取得生活资料，必须参加社会的生产。社会实践虽有很多种类，但马克思主义者认为，"人类的生产活动是最基本的实践活动，是决定其他一切活动的东西"[3]。生产活动之所以是最基本的活动并成为人们认识的基本来源，就是因为它满足了人们的生存需要。因此，毛泽东指出："人的认识，主要地依赖于物质的生产活动，逐渐地了解自然的现象、自然的性质、自然的规律性、人和自然的关系；而且经过生产活动，也在各种不同

......

1 《毛泽东选集》第一卷，人民出版社1991年版，第287—288页。

2 同上书，第288页。

3 同上书，第282页。

程度上逐渐地认识了人和人的一定的相互关系。一切这些知识，离开生产活动是不能得到的……在各种阶级的社会中，各阶级的社会成员，则又以各种不同的方式，结成一定的生产关系，从事生产活动，以解决人类物质生活问题。这是人的认识发展的基本来源。"[1]

但人类的实践活动不仅有生产活动，还有阶级斗争、政治生活、科学和艺术活动，这些也是认识的来源。在阶级社会中，人除了参加生产活动这一基本形式之外，还参加政治生活、科学和艺术的活动。例如，在资本主义社会中，工人因为被剥夺了生产资料，不得不在工资制度下，出卖劳动力于资本家，为资本家生产剩余价值。但他们在生产过程中认识了资本主义的剥削制度后，就懂得团结起来对资产阶级进行斗争。

所以，《实践论》指出："人的社会实践，不限于生产活动一种形式，还有多种其他的形式，阶级斗争，政治生活，科学和艺术的活动，总之社会实际生活的一切领域都是社会的人所参加的。因此，人的认识，在物质生活以外，还从政治生活文化生活中（与物质生活密切联系），在各种不同程度上，知道人和人的各种关系。"[2]

3. 实践是推动认识发展的动力

1883 年 3 月 14 日，马克思逝世。在他的葬礼上，恩格斯说道，"正像达尔文发现有机界的发展规律一样，马克思发现了人类历史的发展规律"[3]。毛泽东在《实践论》中指出："马克思主义者认为人类社会的生产活动，是一步又一步地由低级向高级发展。"[4]

• • •

1 《毛泽东选集》第一卷，人民出版社 1991 年版，第 282—283 页。

2 同上书，第 283 页。

3 《马克思恩格斯选集》第 3 卷，人民出版社 2012 年版，第 1002 页。

4 《毛泽东选集》第一卷，人民出版社 1991 年版，第 283 页。

人类的认识活动总是为各个时代社会实践的特定需要服务的，科学研究的任务也总是围绕着社会实践的需要这个中心来确定的。例如，在古代，为了适应游牧民族和农耕民族确定季节、了解气候以及后来航海的需要，产生了天文学；为了适应丈量土地、衡量容积和其他计算上的需要，产生了数学；为了适应建筑工程、手工业以及战争的需要，产生了力学；天文学和力学的发展，又促进了数学的发展。随着近代资本主义生产的发展，需要产生新的动力，于是，适应这种需要出现了蒸汽机。对蒸汽机的研究和改造，又进一步推动了动力学、热力学和机械学的发展。正如恩格斯所说的："社会一旦有技术上的需要，这种需要就会比十所大学更能把科学推向前进。"[1] 社会实践为认识不断提供新的经验和新的观察、研究的物质手段。社会实践为认识提供了可能。同时，社会实践的发展也对人们的认识提出了新的要求、新的内容，推动认识不断向前发展。实践往前发展，人们的认识也必须往前发展。《实践论》指出："因此，人们的认识，不论对于自然界方面，对于社会方面，也都是一步又一步地由低级向高级发展，即由浅入深，由片面到更多的方面。"[2]

人类实践活动提出的问题归根结底只能依靠和通过实践来解决。实践创造出必要的物质条件和手段，使人的认识能够不断发展。但人的感官是有一定局限性的，因此，社会实践的发展对于认识深化的需要，迫使人们创造出日益完备的认识工具，突破了人的生理器官的局限，扩大了人类知识的视野，深化了认识的层次，从

1 《马克思恩格斯选集》第 4 卷，人民出版社 2012 年版，第 648 页。

2 《毛泽东选集》第一卷，人民出版社 1991 年版，第 283 页。

而推动了人类知识的发展。例如，人们都希望探索未知世界，希望站得更高，看得更远。但是人们肉眼可以看到的范围是很有限的，为了突破这个局限，发明了望远镜，再后来发明了天文望远镜，让人们的认知不再局限在可以看到的世界，而且能够"看到"更为辽阔的世界。同时，社会实践的巨大发展，"不但提供了大量可供观察的材料，而且自身也提供了和以往完全不同的实验手段，并使新的工具的设计成为可能。可以说，真正有系统的实验科学这时才成为可能"[1]。例如，中国天眼的发明建造，是社会

· · ·

1 《马克思恩格斯选集》第 3 卷，人民出版社 2012 年版，第 865—866 页。

图为 19 世纪以瓦特发明的蒸汽机为动力的机械　文化传播 / 供图↑

知识链接

中国天眼

　　中国天眼（FAST），500 米口径球面射电望远镜，位于贵州省平塘县境内。其最初目的是在电波环境彻底毁坏前回溯原初宇宙，解答天文学中的众多难题，探索宇宙起源和演化。

实践极大发展的产物，它的出现拓宽了人们的认知范围。

　　社会实践推动人的认识能力的提高。今天人们经常谈及："知识的地平线在不断地暴涨。"在信息化、互联网时代，人们获取知识的手段和方式极大地增强。如果说"60 后""70 后""80 后"是"互联网的移民"，那么，"90 后""00 后"以及"10 后"，毫不夸张地说都是"互联网的原住民"。经常有人说：今天的孩子很聪明。那是因为今天的孩子们站在了前人社会实践积累的基础上。认识的发展还有赖于认识能力的提高。人类的认识产生后，这种认识不一定就是完善的认识。只有通过社会实践，慢慢发展我们的思维能力，推动发展我们的认识能力。认识能力，不论是观察能力还是思维能力，都是在实践中得到提高的。一个人的实践经验越丰富，实践的水平越高，认识的能力也就越高。

4. 实践是检验认识真理性的标准

马克思说："人的思维是否具有客观的【gegenstndliche】真理性，这并不是一个理论的问题，而是一个实践的问题。人应该在实践中证明自己思维的真理性，即自己思维的现实性和力量，自己思维的此岸性。关于思维——离开实践的思维——的现实性或非现实性的争论，是一个纯粹经院哲学的问题。"[1] 马克思这一著名论断表明，既然认识来源于实践，那么，要证明认识是否正确，是否具有真理性，只有通过实践才能得到证

...

1 《马克思恩格斯文集》第 1 卷，人民出版社 2009 年版，第 500 页。

图为位于贵州省平塘县大窝凼的世界最大的单口径射电望远镜"中国天眼"（FAST）中新图片／瞿宏伦↑

明。人们应该自觉地通过实践去检验自己的认识，坚持真理，修正错误。"人应该在实践中证明自己思维的真理性，即自己思维的现实性和力量，自己思维的此岸性。"[1]这里所说的"思维的此岸性"，是借用康德的一个哲学术语。康德认为，人的认识能力只能达到"自在之物"作用于人的感官所引起的"现象"，即"思维的此岸性"。至于"自在之物"自身，则是人的思维达不到的，是"彼岸的"。人的思维只能停留在"现象"的此岸，而不能达到彼岸，即只能认识事物的现象，而不能认识事物的本质。但是在马克思看来，根本没有什么不可认识的彼岸世界。他在这里借用"思维的此岸性"一词，与"思维的真理性""思维的现实性和力量"是一个意思，都是指人的这种认识是符合客观存在的，是客观存在的正确反映，因而都应该在实践中得到证实。

所谓真理，就是人们的认识正确地反映客观世界的规律性，即主观符合客观。反之，便是谬误。而鉴定真理与谬误的标准只能是社会实践。首先，思想理论不能成为检验自身是否符合客观事实的标准。因为认识、思想和理论若不与被认识的客观对象联系起来，就无法确定它是否符合客观实际。其次，客观事物本身也不能直接回答这个问题，因为客观对象本身无所谓正确与错误的问题，无法使主观与客观联系起来。因此，检验人们的认识是否正确，只有依靠主观见之于客观的实践活动。

《实践论》指出："马克思主义者认为，只有人们的社会实践，才是人们对于外界认识的真理性的标准。实际的情形是这样的，只有在社会实践过程中（物质生产过程中，阶级斗争过程中，科学实

---

1 《马克思恩格斯选集》第 1 卷，人民出版社 2012 版，第 134 页。

验过程中），人们达到了思想中所预想的结果时，人们的认识才被证实了。"[1] "判定认识或理论之是否真理，不是依主观上觉得如何而定，而是依客观上社会实践的结果如何而定。真理的标准只能是社会的实践。"[2] "理论的东西之是否符合于客观真理性这个问题，在前面说的由感性到理性之认识运动中是没有完全解决的，也不能完全解决的。要完全地解决这个问题，只有把理性的认识再回到社会实践中去，应用理论于实践，看它是否能够达到预想的目的。"[3] 1940年1月，在《新民主主义论》中，毛泽东强调："真理只有一个，而究竟谁发现了真理，不依靠主观的夸张，而依靠客观的实践。只有千百万人民的革命实践，才是检验真理的尺度。"[4] 例如，门捷列夫根据原子量的变化，制定了元素周期表。他指出，按着原子量由小到大的顺序排列各种元素，在原子量跳跃过大的地方会有新元素被发现。根据这个规律，他预见一些尚未被发现的元素的存在和性质。但是对于他的发现，有人赞同，有人怀疑，一直争论不休。之后，在具体的实践中，人们根据元素周期表发现了几种元素，它们的化学特性刚好符合元素周期表的预测。这样，元素周期表就被实践所证实了。又如，哥白尼在 1513 年提出的日心说在之后的 300 年里一直是一种假说，而 1841 年勒维烈根据日心说提供的数据，不仅推算出一定还存在一个未知的行星，还推算出这个行星在太空中的位置。直到德国天文学家加勒于 1846 年发现海王星，哥白尼的日心说才被证实比地心说更合理。

...

1 《毛泽东选集》第一卷，人民出版社 1991 年版，第 284 页。
2 同上。
3 同上书，第 292 页。
4 《毛泽东选集》第二卷，人民出版社 1991 年版，第 663 页。

知识链接

勒维烈

勒维烈（1811—1877 年），法国天文学家。他与亚当斯（1819—1892 年）同时分别用数学方法推算出当时尚未发现的海王星的位置。勒维烈发表过太阳系各行星轨道变化情况的研究成果，重新计算出太阳系各大行星的轨道运动，并编成了星历表。主要著作有《行星运动论》《太阳表》《水星表》。

5. 实践是认识的目的

《实践论》指出，认识的目的就是为了指导实践，能动地改造世界。认识是从实践中来的，但认识并不是最终目的。毛泽东指出："马克思主义的哲学认为十分重要的问题，不在于懂得了客观世界的规律性，因而能够解释世界，而在于拿了这种对于客观规律性的认识去能动地改造世界。"[1] 这段话是对马克思《关于费尔巴哈的提纲》最后一句话的解释："哲学家们只是用不同的方式解释世界，而问题在于改变世界。"[2] 以往的旧哲学更多的是解释世界，而马克思主义哲学的功能不仅在于正确地解释世界，即揭示资本主义

...

1 《毛泽东选集》第一卷，人民出版社 1991 年版，第 292 页。
2 《马克思恩格斯文集》第 1 卷，人民出版社 2009 年版，第 502 页。

社会的不合理性，而且在于改造世界，即指导无产阶级通过革命实践去改造世界，改变不合理的旧制度，建设更加合理的社会制度。因此，马克思主义哲学的基本特征是实践性，它既通过实践认识世界，又通过实践改变世界。人们在实践中之所以要取得对客观世界正确的认识，目的是指导实践。实践是认识的出发点，又是认识的归宿。认识的目的，最终是为了服务实践，为了改造客观世界。所以，毛泽东指出："马克思主义看重理论，正是，也仅仅是，因为它能够指导行动。如果有了正确的理论，只是把它空谈一阵，束之高阁，并不实行，那末，这种理论再好也是没有意义的。"[1]1941年，在《在驳第三次"左"倾路线》一文中，毛泽东强调："认识世界是为了改造世界，人类历史是人类自己造出的。但不认识世界就不能改造世界，'没有革命的理论，就没有革命的运动'，这一方面，我们的老爷是茫然了。必然王国之变为自由王国，是必须经过认识与改造两个过程的。欧洲的旧哲学家，已经懂得'自由是必然的认识'这个真理。马克思的贡献，不是否认这个真理，而是在承认这个真理之后补充了它的不足，加上了根据对必然的认识而'改造世界'这个真理。'自由是必然的认识'——这是旧哲学家的命题。'自由是必然的认识和世界的改造'——这是马克思主义的命题。一个马克思主义者如果不懂得从改造世界中去认识世界，又从认识世界中去改造世界，就不是一个好的马克思主义者。一个中国的马克思主义者，如果不懂得从改造中国中去认识中国，又从认识中国中去改造中国，就不是一个好的中国的马克思主义者。"[2]

...

1 《毛泽东选集》第一卷，人民出版社 1991 年版，第 292 页。
2 《毛泽东文集》第二卷，人民出版社 1993 年版，第 343—344 页。

总之，人的认识来源于实践，认识随着实践的发展而发展，真理的标准只能是社会实践，理论来源于实践，又转过来为实践服务。简单的概括就是：人的认识来源于实践，又服务于实践。因此，"实践的观点是辩证唯物论的认识论之第一的和基本的观点"[1]。

毛泽东在总结中国革命经验教训的基础上，概括了马克思主义经典作家们的思想，把这些方面联系起来系统地说明了实践在认识中的地位和作用，使马克思主义关于实践是认识的基础的理论系统化，这是毛泽东对认识论的一个贡献。那么，人的认识如何从实践中来，又服务于实践呢？对这个问题的回答，毛泽东是从认识的发展过程中去寻找的。

二、认识的发展过程

对于认识的过程，毛泽东在 1964 年 8 月 24 日召见周培源、于光远时，曾经谈道："关于从实践到感性认识，再从感性认识到理性认识的飞跃的道理，马克思和恩格斯都没有讲清楚，列宁也没有讲清楚。列宁写的《唯物主义和经验批判主义》，只讲清楚了唯物论，没有完全讲清楚认识论。最近艾思奇在高级党校讲话说到这一点，这是对的。这个道理中国的古人也没有讲清楚。老子、庄子没有讲清楚，墨子讲了认识论方面的问题，但也没有讲清楚。张载、李卓吾、王船山、谭嗣同都没有讲清楚。"[2] 因此，《实践论》的一大

· · ·

1 《毛泽东选集》第一卷，人民出版社 1991 年版，第 284 页。
2 《毛泽东文集》第八卷，人民出版社 1999 年版，第 389—390 页。

贡献就是对认识的运动过程作出了清晰的分析。对此,毛泽东是非常有理论自信的,认为这个问题,他讲清楚了。

第六段到第十九段,毛泽东详细阐明了"基于变革现实的实践而产生的辩证唯物论的认识运动——认识的逐渐深化的运动"。认识是一个辩证发展过程,在这个过程中,产生了两次飞跃,即从感性认识上升到理性认识和从理性认识能动地飞跃到实践。

1. 认识过程的第一次飞跃——感性认识上升到理性认识

毛泽东首先对认识过程的两个不同阶段:感性认识阶段和理性认识阶段作了分析。他指出:"原来人在实践过程中,开始只是看到过程中各个事物的现象方面,看到各个事物的片面,看到各个事物之间的外部联系。例如有些外面的人们到延安来考察,头一二天,他们看到了延安的地形、街道、屋宇,接触了许多的人,参加了宴会、晚会和群众大会,听到了各种说话,看到了各种文件,这些就是事物的现象,事物的各个片面以及这些事物的外部联系。这叫做认识的感性阶段,就是感觉和印象的阶段。也就是延安这些各别的事物作用于考察团先生们的感官,引起了他们的感觉,在他们的脑子中生起了许多的印象,以及这些印象间的大概的外部的联系,这是认识的第一个阶段。"[1]这个阶段也被称为"感性认识阶段"。

所谓感性认识,是指人们在实践过程中,通过感觉器官接触外界事物而得到的对事物的表面现象的认识。感性认识有感觉、知觉和表象三种形式。感觉是人对事物的最初反应,是感性认识中最低级的形式,也是整个认识活动的起点。它指的是主体(人)应用五种感官对客观事物的个别属性、个别方面的反映。例如,桌上放了

· · ·

1 《毛泽东选集》第一卷,人民出版社1991年版,第284—285页。

一个香蕉，使用视觉，感受到是黄色的；发挥味觉，尝起来是甜的；应用嗅觉，感知到是果香的。我们使用了三种感官去感受这个事物，这就是三种感觉。知觉是人类对客观事物表面现象或外部联系的综合反映，它为主体提供客观对象的整体映象。知觉是在感觉的基础上形成的，但知觉不是感觉的简单总和，而是在大脑中把有关事物的各种属性、各个方面的感觉信息、感觉材料加以整合。在意识中形成反映该事物各个方面特性的整体的感性形象就是知觉。例如，桌子上放了一个苹果，使用视觉，感受到是红色的；发挥味觉，尝起来是甜的；应用嗅觉，感知到是香的，这是三种感觉。如果把它们综合起来，对这个苹果我们得出一个感知：又红又香又甜，这就称为一种知觉。所以说，知觉是对感觉的集合，是比感觉高一级的反映形式。表象是曾经作用于感官的事物的外部形象在人的意识中的保存、再现或重组。感觉和知觉是客体的刺激直接作用于主体的感觉器官而在人脑中形成的感性映象。当客体的刺激消失以后，这种感性映象不随之消失，而是可以暂时地或较持久地保留在记忆中，这种保存在记忆中的感性映象通过回忆而再现出来，就是表象。简单地说，表象就是对感觉和知觉的回忆，所以表象是感性认识的高级形式。例如，当提到苹果时，大家就会在头脑中出现关于苹果的形象特征——又红又香又甜，这就是对感性映象的回忆与再现。

认识的感性过程从感觉、知觉到表象，是由个别的特性到完整的形象，由当时感知到印象的直接保留和事后回忆的认识过程，这里已经包含着认识由部分到全体、由直接到间接的趋势。但整个说来，感性认识仍然是"生动的直观"，感性认识是认识的起点，是认识的初级阶段。感性认识是用具体的、生动的形象直接反映外部世界，以事物的现象即外部联系为内容，还没有深入到对事物的本质的认识。例如，毛泽东经常使用的认识世界的方法：调查研究。其中，调查阶段就属于感性认识。它需要充分调查，充分占有资料。但是调查只是第一阶段，要通过调查实现"研究"。所以，感性认识虽然生动、形象，但还不深刻，这是其局限性所在，因而也是它必须上升到理性认识的原因所在。

所以，毛泽东接着指出了认识的第二阶段：理性认识。"社会实践的继续，使人们在实践中引起感觉和印象的东西反复了多次，于是在人们的脑子里生起了一个认识过程中的突变（即飞跃），产生了概念。概念这种东西已经不是事物的现象，不是事物的各个片面，不是它们的外部联系，而是抓着了事物的本质，事物的全体，事物的内部联系了。概念同感觉，不但是数量上的差别，而且有了性质上的差别。循此继进，使用判断和推理的方法，就可产生出合乎论理的结论来。《三国演义》上所谓'眉头一皱计上心来'，我们普通说话所谓'让我想一想'，就是人在脑子中运用概念以作判断和推理的工夫。这是认识的第二个阶段。"[1] 这段话中讲了两层意思：一是认识的第二个阶段"理性认识阶段"。理性认识是指人们通过抽象得到的对事物本质、内在联系的规律性的认识。理性认识有概念、判断和推理三种形式。概念是反映对象本质属性的思维形式，是思维的"细胞"，它的产生是认识过程中的飞跃。判断是展开了的概念，是对某一事物内部联系作出肯定与否定的论断的思维形式。推理是从已知判断推出新的判断的思维形式。它能反映出事物发展的必然趋势。从概念到判断再到推理，是理性认识由低级到高级的发展。人们在社会实践中，形成概念，作出判断，进行推理，表现为一系列的抽象概括、分析和综合，所以这个阶段就是"抽象的思维"阶段。理性认识是认识的高级阶段，具有抽象性、间接性的特点，它以反映事物的本质为内容，因而是深刻的。二是"认识过程中的突变（即飞跃）"，这个飞跃就是从感性认识上升为理性认识，认识论的第一次飞跃。

感性认识和理性认识二者是认识过程的两个不同阶段，即低级阶段和高级阶段。这二者之间密不可分。一是理性认识依赖于感性认识，感性认识是理性认识的基础。只有通过实践，事先获得丰富的感性材料，并在此基础上进行抽象思维，才能产生出理性认

· · ·

1 《毛泽东选集》第一卷，人民出版社 1991 年版，第 285 页。

识。毛泽东指出："理性的东西所以靠得住，正是由于它来源于感性，否则理性的东西就成了无源之水，无本之木，而只是主观自生的靠不住的东西了。"[1] 二是感性认识有待于上升到理性认识，因为"感觉到了的东西，我们不能立刻理解它，只有理解了的东西才更深刻地感觉它。感觉只解决现象问题，理论才能解决本质问题"[2]。这说明，理性认识比感性认识更深刻，更能把握事物的本质属性，认识的真正任务在于认识事物的本质和规律性。这是实践的需要。从感性认识上升到理性认识是认识的深化的运动，如无产阶级对资本主义社会的认识。无产阶级在其实践的初期，对于资本主义的认识，是感性认识。他们只看到了采用机器的工厂一方面解雇了大批男工，另一方面又添雇了一些女工和童工，看到一部分工人失业了，未被解雇的工人的工资降低了。他们感受到的压迫和剥削日益加重，生活水平都被降低到最低限度，但他们不知道在资本主义的生产关系中去寻找自己贫困的原因。这只是认识的感性阶段。他们基于自己的体验和知觉，被迫以捣毁机器的方式向个别资本家作斗争。这样自发的斗争，是初期无产阶级斗争史上常见的。他们还没有理解资本主义的本质，所以还不能对资产阶级作有意识的斗争。他们还是"自在的阶级"，即还是没有阶级意识的阶级。正如毛泽东所说的："无产阶级对于资本主义社会的认识，在其实践的初期——破坏机器和自发斗争时期，他们还只在感性认识的阶段，只认识资本主义各个现象的片面及其外部的联系。这时，他们还是

. . .

[1] 《毛泽东选集》第一卷，人民出版社 1991 年版，第 290 页。
[2] 同上书，第 286 页。

一个所谓'自在的阶级'。"[1] "到了他们实践的第二个时期——有意识有组织的经济斗争和政治斗争的时期，由于实践，由于长期斗争的经验，经过马克思、恩格斯用科学的方法把这种种经验总结起来，产生了马克思主义的理论，用以教育无产阶级，这样就使无产阶级理解了资本主义社会的本质，理解了社会阶级的剥削关系，理解了无产阶级的历史任务，这时他们就变成了一个'自为的阶级'。"[2] 随着斗争的深入、认识的深入，无产阶级基于斗争的经验，接受了马克思主义，

图为民国时工厂的女工　文化传播／供图↑

1 《毛泽东选集》第一卷，人民出版社 1991 年版，第 288 页。
2 同上书，第 288—289 页。

把自己组织成为一个阶级，组成革命的政党，去准备推翻资产阶级的国家机器。无产阶级就由"自在的阶级"转变为"自为的阶级"了。这是无产阶级对于资本主义社会的认识过程，即由感性到理性再到实践的过程。

总之，感性认识和理性认识是辩证统一的，统一的基础是实践。为什么这么讲？因为感性认识是在实践中产生的，"离开实践的认识是不可能的"[1]；由感性认识到理性认识的过渡，也是在实践的目的作用下的。所以，毛泽东指出：感性认识和理性认识"都是统一的认识过程中的阶段。感性和理性二者的性质不同，但又不是互相分离的，它们在实践的基础上统一起来了"[2]。

那么，存不存在忽视感性认识与理性认识的辩证统一关系，甚至割裂二者的辩证统一关系的现象？答案是肯定的。在现实中，存在着割裂感性认识和理性认识二者关系的现象。例如，有人只强调理性认识，认为理性是唯一可靠的，就会走向唯理论。有人只强调感性认识，走向另一种错误即经验论。受这两种错误思想的影响，在实际工作中就会犯教条主义和经验主义的错误。

唯理论只强调理性认识的可靠性，而忽视经验，贬低感性认识的重要意义，否认理性认识依赖于感性经验，认为只有依靠理性直接把握事物本质的那种"理性直观知识"，或依靠理性进行逻辑推理得来的知识即理性认识，才是可靠的，依靠感觉、经验得来的感性认识是不可靠的，往往是错误认识的来源。这种错误的倾向，在实际工作中的表现就是教条主义，唯上、唯书、不唯实。《实践论》

...

1 《毛泽东选集》第一卷，人民出版社 1991 年版，第 288 页。
2 同上书，第 286 页。

知识链接

唯理论

　　唯理论又称"理性主义"，与"经验论"相对，是旧哲学认识论中的一派。它只承认理性认识的可靠性，贬低感性认识的重要意义，否认理性认识依赖于感性经验，认为人的正确认识来源于人的理性认识。

经验论

　　经验论又称"经验主义"，与"唯理论"相对，是旧哲学认识论中的一派。它认为感性经验是知识的来源，一切知识都通过经验而获得，并在经验中得到验证。

的注释写道："在中国共产党内，曾经有一部分教条主义的同志长期拒绝中国革命的经验，否认'马克思主义不是教条而是行动的指南'这个真理，而只生吞活剥马克思主义书籍中的只言片语，去吓唬人们。"[1]1961 年 3 月 23 日，毛泽东在广州中央工作会议上强调：

...

1 《毛泽东选集》第一卷，人民出版社 1991 年版，第 282 页。

"一九二七年大革命失败后，一些知识分子倒退了，蜕化了，变到资产阶级方面去了。他们专从书本里讨生活，不到工人、农民、社会中去调查，不到群众中去调查，不在斗争中逐步深入调查研究。没有那些胜利和那些失败，不经过第五次反'围剿'的失败，不经过万里长征，我那个《中国革命战争的战略问题》小册子也不可能写出来。因为要写这本书，倒是逼着我研究了一下资产阶级的军事学。有人讲我的兵法靠两本书，一本是《三国演义》，一本是《孙子兵法》。《三国演义》我是看过的，《孙子兵法》当时我就没有看过。在遵义会议上，凯丰说：你那些东西，并不见得高明，无非是《三国演义》加《孙子兵法》。我就问他一句：你说《孙子兵法》一共有多少篇？第一篇的题目叫什么？请你讲讲。他答不出来。我说：你也没看过，你怎么晓得我就熟悉《孙子兵法》呢？凯丰他自己也没看过《孙子兵法》，却说我用的是《孙子兵法》。那时打仗，形势那么紧张，谁还管得什么孙子兵法，什么战斗条令，统统都忘记了的。打仗的时候要估计敌我形势，很快作出决策，哪个还去记起那些书呢？你们有些人不是学过四大教程吗？每次打仗都是用四大教程吗？如果那样就完全是教条主义嘛！"[1]

经验论则与之相反，认为经验是人的一切知识或观念的唯一来源，片面地强调经验或感性认识的作用和确实性，贬低乃至否定理性认识的作用和确定性。《实践论》指出，他们认为，"认识可以停顿在低级的感性阶段，以为只有感性认识可靠，而理性认识是靠不住的，这便是重复了历史上的'经验论'的错误。这种理论的错误，在于不知道感觉材料固然是客观外界某些真实性的反映（我这

<hr>

1 《毛泽东文集》第八卷，人民出版社 1999 年版，第 263 页。

里不来说经验只是所谓内省体验的那种唯心的经验论），但它们仅是片面的和表面的东西，这种反映是不完全的，是没有反映事物本质的"[1]。这种错误倾向，在实际工作中表现出来的就是经验主义。《实践论》指出，"庸俗的事务主义家"，认为他们"尊重经验而看轻理论，因而不能通观客观过程的全体，缺乏明确的方针，没有远大的前途，沾沾自喜于一得之功和一孔之见"[2]，这种错误也"会引导革命走上碰壁的地步"[3]。

从感性认识向理性认识的过渡，必须具备两个基本条件：其一，勇于实践，深入调查，获取十分丰富和合乎实际的感性材料。这是正确实现由感性认识上升到理性认识的基础。感觉材料不能零碎不全，必须十分丰富并且合乎实际，"只有感觉的材料十分丰富（不是零碎不全）和合乎实际（不是错觉），才能根据这样的材料造出正确的概念和理论来"[4]。对此，毛泽东在《反对本本主义》中写道："你对于某个问题没有调查，就停止你对于某个问题的发言权。这不太野蛮了吗？一点也不野蛮。你对那个问题的现实情况和历史情况既然没有调查，不知底里，对于那个问题的发言便一定是瞎说一顿。瞎说一顿之不能解决问题是大家明了的，那末，停止你的发言权有什么不公道呢？许多的同志都成天地闭着眼睛在那里瞎说，这是共产党员的耻辱，岂有共产党员而可以闭着眼睛瞎说一顿的吗？要不得！要不得！注重调查！反对瞎说！"[5]其二，必须经

· · ·

1 《毛泽东选集》第一卷，人民出版社 1991 年版，第 291 页。
2 同上。
3 同上。
4 同上书，第 290 页。
5 同上书，第 109 页。

过理性思考的作用，将丰富的感性材料加以去粗取精、去伪存真、由此及彼、由表及里地制作加工，才能将感性认识上升为理性认识。也就是说，必须运用辩证思维的科学方法，才能获得真正的认识。"要完全地反映整个的事物，反映事物的本质，反映事物的内部规律性，就必须经过思考作用，将丰富的感觉材料加以去粗取精、去伪存真、由此及彼、由表及里的改造制作工夫。"[1]

在认识的辩证运动过程中，我们既要注重理性因素的作用，也要重视非理性因素的作用。马克思认为："激情、热情是人强烈

毛泽东十分注重调查研究，坚持从实际出发。他的关于红军建设、根据地发展和土地革命的正确思想和决策的形成，都是与他深入的调查工作分不开的。图为油画《农村调查》 海峰／供图↑

---

1 《毛泽东选集》第一卷，人民出版社 1991 年版，第 291 页。

追求自己的对象的本质力量。"[1] 非理性因素主要是指认识主体的情感、意志、欲望、动机、信念、习惯、本能等意识形式。人的认识过程是理性因素和非理性因素协同起作用的结果。非理性因素对于人的认识活动和人的认识能力的发挥具有激活、驱动和控制作用。例如，美好的心境、坚忍的意志、饱满的热情、坚定的信念等往往能调动主体的精神力量，去努力实现认识的目标。有些非理性因素对认识起着消极作用。应该以正确的理性认识去指导和调控非理性因素的作用。在《中国革命战争的战略问题》一文中，毛泽东指出："指挥员的正确的部署来源于正确的决心，正确的决心来源于正确的判断，正确的判断来源于周到的和必要的侦察，和对于各种侦察材料的联贯起来的思索。指挥员使用一切可能的和必要的侦察手段，将侦察得来的敌方情况的各种材料加以去粗取精、去伪存真、由此及彼、由表及里的思索，然后将自己方面的情况加上去，研究双方的对比和相互的关系，因而构成判断，定下决心，作出计划，——这是军事家在作出每一个战略、战役或战斗的计划之前的一个整个的认识情况的过程。"[2] 这段话就将认识过程的第一次飞跃讲得很清楚，正确的决心来自正确的判断，正确的判断来自决心、周到的和必要的侦察（感性认识），对于各种侦察材料的联贯起来的思索（理性认识）。

2. 认识过程的第二次飞跃——由理性认识能动地飞跃到实践

《实践论》还着重阐发了理性认识到实践的飞跃及这第二次能动飞跃的重大意义。毛泽东认为，在实践基础上从感性认识能动地

· · ·

1 《马克思恩格斯全集》第 42 卷，人民出版社 1979 年版，第 169 页。

2 《毛泽东选集》第一卷，人民出版社 1991 年版，第 179—180 页。

发展到理性认识，是认识过程的第一次飞跃，而通过实践得到的理性认识，还必须再回到实践，实现认识过程的第二次能动的飞跃。"辩证唯物论的认识运动，如果只到理性认识为止，那末还只说到问题的一半。而且对于马克思主义的哲学说来，还只说到非十分重要的那一半……认识的能动作用，不但表现于从感性的认识到理性的认识之能动的飞跃，更重要的还须表现于从理性的认识到革命的实践这一个飞跃。"[1] 认识世界的目的是改造世界，要达到这个目的，科学理论就必须落地，转化为指导实践的工具，实现第二次飞跃。关于理论与实践的关系，其一，马克思主义十分看重理论。毛泽东指出："在马克思主义看来，理论是重要的，它的重要性充分地表现在列宁说过的一句话：'没有革命的理论，就不会有革命的运动'。"[2] 其二，马克思主义重视理论是以肯定实践的重要性为前提的。"马克思主义看重理论，正是，也仅仅是，因为它能够指导行动。如果有了正确的理论，只是把它空谈一阵，束之高阁，并不实行，那末，这种理论再好也是没有意义的。认识从实践始，经过实践得到了理论的认识，还须再回到实践去。"[3] 理论必须回到实践才能得到检验和发展。一是认识是否正确，只有回到社会实践中去检验。达到预想的目的，认识才算是正确的，反之，就不是正确的。"许多自然科学理论之所以被称为真理，不但在于自然科学家们创立这些学说的时候，而且在于为尔后的科学实践所证实的时候。马克思列宁主义之所以被称为真理，也不但在于马克思、恩格斯、列

···

1 《毛泽东选集》第一卷，人民出版社 1991 年版，第 292 页。

2 同上。

3 同上。

宁、斯大林等人科学地构成这些学说的时候，而且在于为尔后革命的阶级斗争和民族斗争的实践所证实的时候。辩证唯物论之所以为普遍真理，在于经过无论什么人的实践都不能逃出它的范围。"[1] 原有的理论只有在实践中才能得到深化。二是在实践中获得的理论必须回到实践，才能得到补充、丰富和发展。理论只有回到实践中去，为群众所掌握，才会变成巨大的物质力量，真正实现对客观世界的改造，显示出理论的作用来。理论回到实践的过程，既是理论指导实践的过程，又是检验和发展理论的过程。

实现由理论向实践的飞跃，是有条件的。其一，必须从实际出发，坚持一般理论与具体实践相结合的原则。只有这样，理论才能真正发挥自己的指导作用，并随着实践的发展而发展。其二，理论要回到实践中去，需要经过一定的中介环节。其三，理论要回到实践中去，还必须为群众所掌握。人民群众是实践的主体，理论只有为群众所掌握才能转化为改造社会、改造自然的物质力量。其四，要有正确的实践方法即工作方法。方法是理论的具体化，如调查研究等方法。毛泽东正是在这个意义上，说明了认识过程的第二次飞跃比第一次飞跃更重要，意义更伟大。所以 1963 年 5 月，他在《人的正确思想是从哪里来的？》一文中指出："人们的认识经过实践的考验，又会产生一个飞跃。这次飞跃，比起前一次飞跃来，意义更加伟大。因为只有这一次飞跃，才能证明认识的第一次飞跃，即从客观外界的反映过程中得到的思想、理论、政策、计划、办法等等，究竟是正确的还是错误的，此外再无别的检验真理的办法。"[2]

...

[1] 《毛泽东选集》第一卷，人民出版社 1991 年版，第 292—293 页。
[2] 《毛泽东文集》第八卷，人民出版社 1999 年版，第 321 页。

总之，《实践论》既肯定了感性认识必须上升到理性认识，又着重强调了理性认识必须回到实践。从实践中来，又回到实践中去，这样不仅完整地概括了认识运动的全过程，而且体现了认识世界和改造世界相统一的思想。可见，整篇《实践论》讲述认识是一个辩证发展的过程，用的篇幅是最多的，从第六自然段到第十九自然段，这也是毛泽东要着重强调的，也是《实践论》的精华部分。在这里，毛泽东把马克思主义关于认识发展过程的理论具体化，这是毛泽东对马克思主义认识论的又一贡献，也是他之所以认为自己讲清楚了从实践到感性认识、从感性认识到理性认识、从理性认识到实践这一认识运动的过程的原因所在。

三、认识是无限发展的运动过程

《实践论》的第六自然段到第十九自然段讲清楚了认识的发展过程，即在实践基础上由感性认识上升到理性认识，又从理性认识回到实践，即两个能动的飞跃过程。从实践到认识，再从认识到实践，实现了认识过程的两次飞跃，这也表明人们的认识在不断地深化。但是如果仅局限于此，这还不能体现出毛泽东对这个问题的深刻把握。在第二十自然段到第二十五自然段，他还更进一步从辩证法的角度，阐述了认识是一个无限发展的运动过程。这个无限发展体现在认识过程的反复性和曲折性以及认识过程的上升性和前进性。因此，毛泽东写道："说到这里，认识运动就算完成了吗？我们的答复是完成了，又没有完成。"[1]

1. 认识过程的反复性和曲折性

认识过程"完成了"，可以从两个方面来解释。

一方面，从一般意义上，如果通过两次飞跃而实现预想的目的，那么，对于某一认识运动来说算是完成了。实现了从实践到感性认识，再到理性认识，再回过头指导实践这一过程。"社会的人们投身于变革在某一发展阶段内的某一客观过程的实践中（不论是关于变革某一自然过程的实践，或变革某一社会过程的实践），由于客观过程的反映和主观能动性的作用，使得人们的认识由感性的推移到了理性的，造成了大体上相应于该客观过程的法则性的思想、理论、计划或方案，然后再应用这种思想、理论、计划或方案于该同一客观过程的实践，如果能够实现预想的目的，即将预定的思想、理论、计划、方案在该同一过程的实践中变为事实，或者大体上变为事实，那末，对于这一具体过程的认识运动算是完成了。"[2]例如，我们要建设港珠澳大桥。它是中国境内一座连接香港、广东珠海和澳门的桥隧工程，位于中国广东省珠江口伶仃洋海域内，为珠江三角洲地区环线高速公路南环段。我们首先通过勘探、测量、分析等实践活动，对建造情况实现了感性认识，再通过理性加工制订出图纸（理性认识），最后再根据图纸完成施工，大桥竣工。可见，大桥建造的全过程，就是实践、感性认识、理性认识、再实践。大桥的竣工也标志着我们的一个认识过程的完成。这是比较理想的状态。

...

1 《毛泽东选集》第一卷，人民出版社 1991 年版，第 293 页。
2 同上。

　　另一方面，从现实意义上，"不论在变革自然或变革社会的实践中，人们原定的思想、理论、计划、方案，毫无变化地实现出来的事，是很少的"[1]。由于种种主客观条件的限制，认识一个事物特别是复杂事物往往需要经过由实践到认识、再由认识到实践的多次反复才能达到。

　　《实践论》指出："这是因为从事变革现实的人们，常常受着许多的限制，不但常常受着科学条件和技术条件的限制，而且也受着客观过程的发展及其表现程度的限制（客

1 《毛泽东选集》第一卷，人民出版社 1991 年版，第 293—294 页。

图为港珠澳大桥　中新图片 / 陈骥旻↑

观过程的方面及本质尚未充分暴露）。在这种情形之下，由于实践中发现前所未料的情况，因而部分地改变思想、理论、计划、方案的事是常有的，全部地改变的事也是有的。即是说，原定的思想、理论、计划、方案，部分地或全部地不合于实际，部分错了或全部错了的事，都是有的。许多时候须反复失败过多次，才能纠正错误的认识，才能到达于和客观过程的规律性相符合，因而才能够变主观的东西为客观的东西，即在实践中得到预想的结果。" [1]

认识过程中始终存在着主观和客观的矛盾。从客观方面看，事物的各个侧面及其本质的暴露有一个过程，主要受事物本身的成熟度、人类的实践水平和其他客观条件的影响。例如，没有望远镜，伽利略不可能在 1608 年认识到银河是由许多恒星聚合而成的。没有显微镜，人们就不可能发现细胞，从而产生细胞学说。正如恩格斯所说的："从历史的观点来看，这件事也许有某种意义：我们只能在我们时代的条件下去认识，而且这些条件达到什么程度，我们才能认识到什么程度。" [2] 再拿港珠澳大桥举例，总长约 55 公里的港珠澳大桥，其中有将近 6.7 公里的隧道位于海底，工程量大是一方面，技术难题才是最大的问题。这就需要沉管隧道技术。如果没有沉管隧道技术，这项工程是想都不敢想的。

从主观方面看，人的认识能力有一个提高的过程。人的认识受实践范围、立场、观点、方法、思维能力、工作经验和知识水平等因素的制约。立场不同，人们看问题的角度就不同，对客观事物的反映就不同。例如，不同的人对待改革的态度不同，我们都知道改

1 《毛泽东选集》第一卷，人民出版社 1991 年版，第 294 页。
2 《马克思恩格斯选集》第 3 卷，人民出版社 2012 年版，第 933 页。

知识链接

伽利略

伽利略·伽利雷（1564—1642年），意大利天文学家、物理学家和工程师、欧洲近代自然科学的创始人，被称为"观测天文学之父""现代物理学之父""科学方法之父""现代科学之父"。

革是社会发展的动力，但改革往往会触动某些人的利益，他们就会消极对待。人们对客观事物的看法，无不受到世界观、人生观和思维方式的影响。知识结构的不同，也会导致人们认识的不同。人们对未知的客观事物的认识，除了以实践为基础，一般会借助于自己已有的知识。对于《红楼梦》，鲁迅早就说过："单是命意，就因读者的眼光而有种种：经学家看见《易》，道学家看见淫，才子看见缠绵，革命家看见排满，流言家看见宫闱秘事。"此外，生理上的某些缺陷，如近视、色盲、失明、重听、失聪，会导致因对事物的现象把握失准而不能正确揭示事物的本质、规律。因实践活动能力受到制约而影响到对客观事物认识的深度和广度。

受这些客观和主观条件的制约，在自然科学的发展中，对于某一自然现象的认识，往往需要经过实践、认识、再实践、再认识的多次反复，才能形成比较科学的理论。认识社会生活更是如此。新中国成立后，我们党对在中国建设社会主义的认识就经历了一个曲折反复的过程。人们对于一个复杂事物的认识往往要经过由实践到感性认识再到理性认识、再由理性认识到实践的多次反复才能完成。在这个反复的过程中，还可能存在认识的倒退。"但是不管怎样，到了这种时候，人们对于在某一发展阶段内的某一客观过程的认识运动，算是完成了。"[1]虽然，这个过程是反复的和曲折的，但是认识过程完成了。

2. 认识过程的上升性和前进性

认识过程"又没有完成"，"对于过程的推移而言，人们的认识运动是没有完成的"[2]。毛泽东指出："任何过程，不论是属于自然界的和属于社会的，由于内部的矛盾和斗争，都是向前推移向前发展的，人们的认识运动也应跟着推移和发展。依社会运动来说，真正的革命的指导者，不但在于当自己的思想、理论、计划、方案有错误时须得善于改正，如同上面已经说到的，而且在于当某一客观过程已经从某一发展阶段向另一发展阶段推移转变的时候，须得善于使自己和参加革命的一切人员在主观认识上也跟着推移转变，即是要使新的革命任务和新的工作方案的提出，适合于新的情况的变化。"[3]真正的革命指导者，在指导革命的过程中，如果发现自己的思想、理论、计划或方案与客观形势不相符合时，就要善于随时改正，并且在某一客观过程已经从某一发展阶段向另一发展阶段推移转变的时候，必须善于使自己及参加革命的一切人员在主观认识上

• • •

[1]《毛泽东选集》第一卷，人民出版社 1991 年版，第 294 页。

[2] 同上。

[3] 同上。

也跟着推移转变，以适合新的情况的变化。

例如，基于各个时期不同的内容，中国共产党的军事战略也随着转变。在第二次国内革命战争的前期，主要的是游击战争，在后期主要的是"中国型的正规战争"，即提高了的游击战争。在抗日战争的前期主要的是游击战争，是用正规性的八路军和新四军去分散执行游击战争，在后期主要的是正规战争，是"世界型的正规战争"。

又如对社会主义本质的认识过程。马克思、恩格斯对社会主义本质的概括是：生产力的高度发展；全部生产资料归社会直接占有；生产将有计划进行；不存在商品和货币；实行按劳分配原则；阶级和阶级差别已不再存在；国家将逐步自行消亡；人将获得

图为抗日战争期间，八路军第一二〇师挺进晋西北，开展游击战争　文化传播 / 供图↓

自由而全面的发展。列宁的概括是：社会主义的根本任务是发展生产力；社会主义就是苏维埃政权加全国电气化；社会主义时期的政治特征是无产阶级专政；等等。毛泽东的概括是：以生产资料公有制为基础的社会主义经济制度，以无产阶级专政为内容的政治法律制度，以马克思主义为指导的思想文化制度。邓小平的概括是：解放生产力、发展生产力，消灭剥削、消除两极分化，最终达到共同富裕。

从深度上讲，认识要不断深化。人类的认识运动是一个由浅入深，由比较深刻到更为深刻的一个无限的过程。最早，人们认为物质是由团粒构成的；后来，初等化学认为物质是由分子或分子团构成的；近代化学认为分子是由原子构成的；现代化学进一步揭示原子是由原子核和核外电子构成的，原子核又包括质子、中子和基本粒子。我们相信，将来电子必将被证明也是可以再分的。同样地，对动植物生命有机体的认识也是不断深化的。生命有机体是由组织、器官构成的，而组织、器官是由细胞构成的，细胞有细胞液、细胞质和液泡，再深入下去，有水、糖、蛋白质、酶、碳水化合物、酸等，再深入下去，有遗传基因（DNA 和 RNA）……

从广度上讲，认识要不断扩展。客观世界是无限广阔的，随着实践的发展，实践手段、实践经验、认识能力都在发展。实践手段即认识手段的发展，人的视力、听力不断延展，如数控机床、多媒体、磁悬浮列车、超音速、轮船、火箭等。又如，随着电子显微镜、望远镜、雷达、超声波探测器、声呐装置等的出现，人类上天、入地、下海，认识的广度越来越扩大了。再如，牛顿经典力学曾经统治物理学 300 余年，但它并不尽善尽美。随着实践和科学的发展，人们发现，它只适用于解决宏观物体低速运动的问题，对于微观粒子的高速运动（如电子、光子、磁分子运动）经典力学却无法解释。20世纪初，爱因斯坦的相对论和量子力学对此作出了合理的解释。

从进程上讲，认识要不断向前推移。事物的运动是绝对的，静止是相对的。整个世界是无限发展的。人们的认识应当随着客观事物的发展进程而向前推移。自然界、人类社会是不断发展的，人们对自然界、社会的认识也是不断发展的。例如，对生存环境的认识发展，形成了环境科学和大学课程设置中的环境科学专业。有人说，最古老的科学是自然科学，最基础的科学是地理学，而地理学本身从自然地理到经济地理、天文地理、环境地理和人文地理，在不断发展。改革开放40多年来，从邓小平提出"发展是硬道理"，到党中央提出"快速、持续、协调、健康发展"，到把"可持续发展""科教兴国"作为战略目标提出来，到中央提出"坚持以人为本，全面、协调、可持续发展"的科学发展观，再到今天，提出中国特色社会主义进入新时代，提出贯彻新发展理念，构建新发展格局，实现高质量发展。我们党对社会主义现代化建设规律的认识，是不断深化、扩展和向前推移的。

可以说，由于任何自然过程和社会过程，都有其内部的矛盾，因矛盾而引起斗争。由于斗争的发展，自然过程和社会过程就从一个阶段转变到另一阶段，从一种形态转变为他种形态，开始了新的过程。这新的过程又孕育着新的矛盾，开始其新的发展。这些都是向前推进和发展的。因此，人们的认识运动也跟着推移和向前发展。这就是认识过程的上升性和前进性。

概言之，造成认识是无限发展的运动过程的原因有以下两个。

第一，人们对事物的认识，由于主客观条件的限制，往往不是一次性完成的。从主观方面说，人们总是受到自己认识能力和实践活动范围的限制。从客观方面说，受到科学技术条件的限制以及客观过程的发展和表现程度的限制。客观事物的本质有一个显露的过程，人的认识也就需要一个过程。

第二，从人们具体的认识过程看，当某一思想、理论、计划、方案等，经过多次反复，在实践中达到了预想的结果，就算完成了。然而，对于认识过程的推移而言，人们的认识运动还没有完成，并且永远不会完成。因为物质世界及其发展是无限的。所以，人的认识的任务，就在于不断地克服主观和客观、认识和实践之间的矛盾，求得它们之间的具体的历史的统一，而不是企图去发现所谓的"永恒真理""终极真理"。

3. 认识过程是主观与客观、认识与实践的具体的历史的统一

毛泽东指出："革命时期情况的变化是急速的，如果革命党人的认识不能随之而急速变化，就不能引导革命走向胜利。"[1]这段话讲的就是认识的辩证运动过程是主观与客观、认识与实践的具体的历史的统一过程。

主观与客观、认识和实践的统一是具体的，是指认识要同一定时间、地点、条件下的客观、实践相符合。主观与客观、认识和实践的统一是历史的，是指实践总是发展的，认识要同不断发展变化的实践相符合。

对这个问题的回答，涉及以下几个问题。

第一，如何理解真理的绝对性和相对性。

辩证唯物主义认为，一方面，绝对的总的宇宙发展过程，是可

• • •

1 《毛泽东选集》第一卷，人民出版社 1991 年版，第 294 页。

以完全认识的，即客观的绝对真理是存在的；另一方面，绝对的总的宇宙发展过程，是非常广大和复杂的过程，在这绝对的总体的过程中，各个具体过程的发展都是相对的。各个发展阶段上的具体过程，都是绝对的总体的过程的一部分。若把人类对于绝对的总体的宇宙发展过程的认识，叫作绝对真理，那么，人们对于各个具体过程的认识，只能叫作相对真理。绝对的总体的过程是各个具体过程的总和，绝对真理就是无数相对真理的总和。所以，绝对真理和相对真理的关系是一个辩证的关系，不存在不可逾越的界限。"马克思主义者承认，在绝对的总的宇宙发展过程中，各个具体过程的发展都是相对的，因而在绝对真理的长河中，人们对于在各个一定发展阶段上的具体过程的认识只具有相对的真理性。无数相对的真理之总和，就是绝对的真理。"[1]

真理的绝对性。就真理的客观性而言，任何真理都包含不依赖于人的客观内容，这是无条件的、绝对的。就人类认识的本性来说，完全可以正确认识无限发展着的物质世界，这也是无条件的、绝对的。因此，承认世界的可知性，也就必须承认绝对真理。从真理的发展来说，无数相对真理的总和构成绝对真理。因此，承认认识发展的无限性，也就必须承认绝对真理。

真理的相对性。真理的相对性或相对真理是指人们在一定条件下的正确认识是有限度的，也有三层含义：从广度上说，它只是对客观世界的一定范围、方面的正确认识，有待于扩展；从深度上说，它只是对特定事物的一定程度、层次的近似正确的认识，有待于深化；从进程上说，它只是对事物的一定发展阶段的正确认识，

• • •

1 《毛泽东选集》第一卷，人民出版社 1991 年版，第 295 页。

有待于发展。

　　绝对真理和相对真理是同一客观真理的两重属性。任何客观真理都是绝对真理和相对真理的统一。没有离开相对的绝对，也没有脱离绝对的相对。每一个真理都是人们在一定的历史时代、对物质世界一定程度的认识，所以它是有条件的、相对的。然而，任何真理又确实是客观物质世界的正确反映，所以它又是客观的、无条件的、绝对的。列宁指出："从现代唯物主义即马克思主义的观点来看，我们的知识向客观的、绝对的真理接近的界限是受历史条件制约的，但是这个真理的存在是无条件的，我们向这个真理的接近也是无条件的。图画的轮廓是受历史条件制约的，而这幅图画描绘客观地存在着的模特儿，这是无条件的。"[1]

　　绝对真理和相对真理是相互包含的。一方面，绝对真理寓于相对真理之中，任何相对真理中都包含有绝对真理的颗粒；另一方面，绝对真理通过相对真理表现出来，无数相对真理的总和构成绝对真理。绝对真理和相对真理又是辩证转化的。真理是由相对走向绝对的永无止境的过程，任何真理性的认识都是由相对真理向绝对真理转化过程中的一个环节。它是以往认识和实践已经达到的成果，又是进一步迈向绝对真理的起点；它是一个个承前启后的中间站，又是一个个由相对向绝对转化的关节点。

　　第二，真理是一个发展的过程。

　　人的认识到达了一定发展阶段时，客观世界就以当时的知识所不能把握的新矛盾、新联系、新属性和新方面显现出来了。于是，客观世界就与主观世界发生矛盾。这个矛盾促进认识的运动，使认

· · ·

1　《列宁选集》第2卷，人民出版社2012年版，第96页。

识推进到反映客观世界发展的新阶段，更深刻、更完整、更具体地把握客观世界的新矛盾、新联系，因而社会的实践能进一步积极、主动地变革客观世界。

毛泽东指出："客观过程的发展是充满着矛盾和斗争的发展，人的认识运动的发展也是充满着矛盾和斗争的发展。一切客观世界的辩证法的运动，都或先或后地能够反映到人的认识中来。社会实践中的发生、发展和消灭的过程是无穷的，人的认识的发生、发展和消灭的过程也是无穷的。根据于一定的思想、理论、计划、方案以从事于变革客观现实的实践，一次又一次地向前，人们对于客观现实的认识也就一次又一次地深化。客观现实世界的变化运动永远没有完结，人们在实践中对于真理的认识也就永远没有完结。"[1]

承认真理是一个发展过程，必须首先承认真理的客观性。世界上没有不可认识的事物，只有尚未被认识的事物。昨天的未解之谜，已经不再神秘；今天的未解之谜，相信早晚也会被解开。

事实上，人的认识在不断向前发展，人对事物的真理性认识也是不断发展和完善的。真理伴随着客观世界和实践的发展而不断发展。例如，人们对未知世界的探索，体现了人们的认识不断发展，真理也不断发展。真理的发展是不断战胜和克服谬误的过程。真理是有条件的。任何真理都有自己适用的条件和范围。真理是具体的。真理都有它的适用范围，超出这个范围就会变成谬误。正如列宁指出的："任何真理，如果把它说得'过火'……加以夸大，把它运用到实际适用的范围之外，便可以弄到荒谬绝伦的地步，而且

⋯

1 《毛泽东选集》第一卷，人民出版社 1991 年版，第 295—296 页。

在这种情形下，甚至必然会变成荒谬绝伦的东西。"[1] 任何真理相对于特定的过程来说，都是主观与客观、理论与实践的统一。真理都是具体的，我们应在实践中随着历史条件的变化而丰富真理。总之，真理不是万能的，需要不断地在实践中去完善、去发展，追求真理必须与时俱进，开拓创新。

第三，认识过程的特点及其原因。

毛泽东指出："我们的结论是主观和客观、理论和实践、知和行的具体的历史的统一，反对一切离开具体历史的'左'的或右的错误思想。"[2]

这种统一是具体的。它不能离开特定的时间、地点和条件，否则就会造成主观和客观的分裂、认识和实践的脱离。这种统一是历史的。它不能离开特定的历史环境和历史阶段，既不能超越也不能落后于历史的发展。客观实践是具体的、历史的，所以，主观认识也应当是具体的、历史的。

因此，即使曾经被实践所证实了的科学理论，在把它贯彻到实际中去的时候，也要从当时当地的具体情况出发，顺应事物的发展变化灵活地运用，决不能无视具体的时间、地点、条件，超历史跨范围地到处照抄照搬。

认识过程具有这一特点的原因主要有两个：其一，客观事物是在具体的条件下存在的和发展着的，不存在脱离具体条件而存在的客观事物。因此，对于客观事物的认识，也应是具体的，即要具体地把握各种复杂矛盾及其相互关系的总和。例如，不可知论恰恰是

• • •

[1] 《列宁选集》第 4 卷，人民出版社 2012 年版，第 172 页。
[2] 《毛泽东选集》第一卷，人民出版社 1991 年版，第 296 页。

对事物的客观性的否定。不可知论是一种唯心主义的认识论，认为除了感觉或现象之外，世界本身是无法认识的。它否认社会发展的客观规律，否认社会实践的作用。不可知论断言人的认识能力不能超出感觉经验或现象的范围，不能认识事物的本质及发展规律。其二，社会实践本身是具体的、历史的。实践总是在一定历史阶段、一定的社会条件下进行的，世界上只有具体的现实的实践，而没有超越社会历史的实践。因而，理论和实践的统一就必须是具体的、历史的。

对此，毛泽东专门批判了割裂主观和客观、认识和实践的两种错误形式："唯心论和机械唯物论，机会主义和冒险主义，都是以主观和客观相分裂，以认识和实践相脱离为特征的。"[1]

他认为，这两种错误形式对中国革命产生了极大的危害。

一种是思想落后于实际。当事物的具体过程已经向前推移，转变到另一个具体过程的时候，主观认识就应当随之而转变，如果主观认识仍然停留在原来的阶段上，这就脱离了客观实践的具体的、历史的特点，思想落后于实际，就容易犯保守的错误。人们的认识落后于客观实践的发展，就犯了右的错误。《实践论》指出："我们反对革命队伍中的顽固派，他们的思想不能随变化了的客观情况而前进，在历史上表现为右倾机会主义。这些人看不出矛盾的斗争已将客观过程推向前进了，而他们的认识仍然停止在旧阶段。一切顽固党的思想都有这样的特征。他们的思想离开了社会的实践，他们不能站在社会车轮的前头充任向导的工作，他们只知跟在车子后面

...

1 《毛泽东选集》第一卷，人民出版社 1991 年版，第 295 页。

怨恨车子走得太快了，企图把它向后拉，开倒车。"[1] 例如，大革命时期，陈独秀所犯的右倾机会主义错误使他没有认识到无产阶级力量的壮大，把挽救革命危机的希望完全寄托在国民党军事首领身上，压制正在蓬勃高涨的工农运动的发展，自愿放弃对于农民群众、城市小资产阶级和中等资产阶级的领导权，尤其是放弃对于武装力量的领导权，导致了大革命的失败。

另一种是思想超过客观过程的一定发展阶段。当事物的具体过程尚未结束，原有的矛盾尚未得到充分的暴露和展开，向另一个具体过程推移转变的条件还不具备的时候，如果人们硬要把将来可能做的事情勉强拿到现在来做，企图超越阶段，这同样是脱离了客观实践的具体的、历史的特点，就容易犯冒进的错误。当人们的认识超越于客观实践的发展阶段，就犯了"左"的错误。《实践论》指出："我们也反对'左'翼空谈主义。他们的思想超过客观过程的一定发展阶段，有些把幻想看作真理，有些则把仅在将来有现实可能性的理想，勉强地放在现时来做，离开了当前大多数人的实践，离开了当前的现实性，在行动上表现为冒险主义。"[2]

这两种表现形式，是基于中国革命失败惨痛教训的深刻反思，所以毛泽东完全赞同斯大林关于理论和实践关系的著名论断，即"理论若不和革命实践联系起来，就会变成无对象的理论，同样，实践若不以革命理论为指南，就会变成盲目的实践"[3]。

那么，如何避免这两种错误认识呢？对此，毛泽东也给出了答

· · ·

1 《毛泽东选集》第一卷，人民出版社 1991 年版，第 295 页。

2 同上。

3 同上书，第 293 页。

案——改造世界。改造世界包括改造客观世界和主观世界。"无产阶级和革命人民改造世界的斗争，包括实现下述的任务：改造客观世界，也改造自己的主观世界——改造自己的认识能力，改造主观世界同客观世界的关系。"[1]

所谓客观世界，是指"物质的、可以感知的世界"，是人的意识活动之外的一切物质运动的总和。改造客观世界就是改造自然界和人类社会。改造自然界是按照自然界的规律和属性，变革自然物的原始状态，创造出人工形态的物质资料，满足人们的生产和生活需要。例如，青藏铁路这条世界海拔最高、线路最长的高原铁路，被誉为"天路"。它东起青海省西宁市，南至西藏自治区拉萨市，全长 1956 公里。青藏铁路的建成就体现了通过对自然规律的把握，实现对自然界的改造。改造人类社会是通过变革不合理的社会制度或管理制度，改变人与人的社会关系，使社会面貌发生变化，不断进步。又如，从封建社会到资本主义社会就体现了对人类社会的改造。再如，我们今天所进行的各种社会制度的改革，本身也是对人类社会的改造。改造自然和改造人类社会二者相互联系，又相互促进。改造自然推动改造人类社会，改造人类社会反过来推动改造自然。

所谓主观世界，是指人的意识、观念世界，是人的头脑反映和把握物质世界的精神活动以及心理活动的总和。它既包括意识活动的过程，又包括意识活动过程创造的观念，即意识活动的结果。从总体上看，主观世界是知、情、意的统一体。改造主观世界的主要内容有三个方面：一是树立正确的世界观、人生观和价值观。二是

...

1 《毛泽东选集》第一卷，人民出版社 1991 年版，第 296 页。

图为青藏铁路和谐号动车行驶在青藏高原上　黄豁／供图↑

提高素质，包括道德素质、政治素质、文化素质和心理素质等。三是提高能力，包括思维能力、表达能力、交往能力和实际操作能力等。改造主观世界是一个"自我革命"的过程，是共产党人党性修养的永恒课题。

改造客观世界与改造主观世界是互相促进、辩证统一的。只有改造主观世界才能更好地改造客观世界。其一，为了更好地改造客观世界，就必须首先改造主观世界，树立正确的世界观，不断提高改造客观世界的能力。正所谓"打铁必须自身硬"，"没有金钢钻，别揽瓷器活"。同时，只有在改造客观世界的现实活动中才能改造主观世界。实践是认识的来源、支撑、动力。通过改造客观世界可以提升作出正确判断的能力。对于中国是否应该选择市场经济之路，进行改革开放，一开始很多人反对，认为这是违背社会主义的，是走资本主义的路，会将中国推向资本主义的怀抱中。但是改革开放40多年来，中国经济快速发展，社会建设稳步推进，我们取得了世人瞩目的成绩，也使人民认识到：改革开放是党和人民大踏步赶上时代的重要法宝。其二，为了改造主观世界，就必须投入改造客观世界的活动。只有在改造客观世界的现实活动中，才能使每个人真正地改造主观世界。要想树立正确的世界观，就必须在实践中去摸索、去认识。也只有在改造客观世界的过程中，人民才能够不断地增强各种能力。其三，自觉地把改造客观世界与改造主观世界统一起来。在充分认识到改造客观世界和改造主观世界的辩证统一性之后，就需要自觉地将二者统一起来，在改造客观世界的实践中不断地改造自己的主观世界。

四、认识发展的总规律

在《实践论》的最后一段，毛泽东指出："通过实践而发现真理，又通过实践而证实真理和发展真理。从感性认识而能动地发展到理性认识，又从理性认识而能动地指导革命实践，改造主观世界和客观世界。实践、认识、再实践、再认识，这种形式，循环往复以至无穷，而实践和认识之每一循环的内容，都比较地进到了高一级的程度。这就是辩证唯物论的全部认识论，这就是辩证唯物论的知行统一观。"[1]可以说，这段话是对整个《实践论》的高度概括，

---

1 《毛泽东选集》第一卷，人民出版社1991年版，第296—297页。

讲清楚了中国化马克思主义认识论的体系。

这段话一共四句话，最后一句是总结。前三句，每一句都讲了我们这一部分的标题。第一句："通过实践而发现真理，又通过实践而证实真理和发展真理。"实践的观点是辩证唯物论的认识论之第一的和基本的观点。实践是认识的源泉和基础，认识从实践出发又复归于实践，能动地指导实践。第二句："从感性认识而能动地发展到理性认识，又从理性认识而能动地指导革命实践，改造主观世界和客观世界。"认识是一个辩证发展过程。认识过程中有两次飞跃。第三句："实践、认识、再实践、再认识，这种形式，循环往复以至无穷，而实践和认识之每一循环的内容，都比较地进到了高一级的程度。"认识是无限发展的运动过程。实践、认识、再实践、再认识，循环往复以至无穷，一步步地深化和提高，这就是认识发展的总过程。第四句："这就是辩证唯物论的全部认识论，这就是辩证唯物论的知行统一观。"这是高度总结。

人类认识的总规律阐明了贯穿整个人类认识过程的基本矛盾。实践和认识之间的相互作用和矛盾运动推动着人类的认识过程由低级向高级发展。

人类认识的总规律准确地概括了认识过程两次能动飞跃的理论。毛泽东指出，实践、认识、再实践、再认识，这个人类认识的总过程是一个近似于一串串圆圈的螺旋上升、曲折前进、无限发展的过程。即从形式上看，它是循环往复以至无穷的过程，而从内容上看，它是不断深化、由浅入深、由低级到高级的过程，由相对真理走向绝对真理、永无止境的过程。

认识运动的总规律要求坚持党的思想路线，解放思想，实事求是，与时俱进。解放思想是指把思想认识从那些不合时宜的观念、做法和体制的束缚中解放出来，从对马克思主义的错误的和教条式的理解中解放出来，从主观主义和形而上学的桎梏中解放出来。实事求是是指从实际出发，达到主观与客观、认识和实践的具体的历史的统一。与时俱进是指认识和理论要随着客观实践的发展创新而不断发展创新。

总之，毛泽东在这部分中，深刻地概括和揭示了人类认识发展的总规律，从而深化、丰富和发展了马克思主义认识论，这是毛泽东对马克思主义认识论的巨大贡献。

第三章

《矛盾论》的内容解说

不论是简单的运动形式，或复杂的运动形式，不论是客观现象，或思想现象，矛盾是普遍地存在着，矛盾存在于一切过程中。

马克思、恩格斯在创立唯物辩证法的时候，着重阐述了对立统一思想，并把矛盾分析方法作为自己的基本方法。列宁在《哲学笔记》中进一步提出："可以把辩证法简要地规定为关于对立面的统一的学说。这样就会抓住辩证法的核心，可是这需要说明和发挥。"[1]《矛盾论》是毛泽东对对立统一规律的进一步说明和发挥。

《矛盾论》"这篇哲学论文，是毛泽东继《实践论》之后，为了同一的目的，即为了克服存在于中国共产党内的严重的教条主义思想而写的，曾在延安的抗日军事政治大学作过讲演"[2]。的确，《矛盾论》是毛泽东继《实践论》之后，克服党内教条主义思想而撰写的一篇论述马克思主义唯物辩证法关于矛盾规律的重要哲学著作。如果说《实践论》是以实践为基础，从认识论上揭露了"左"倾、右倾错误的思想根源的话，那么，《矛盾论》则是在充分吸收中国传统文化中的辩证思想，在充分继承了马克思、恩格斯尤其是列宁的辩证法的基础上，以对立统一规律为核心，阐述矛盾普遍性和特殊性的相互关系，强调矛盾的特殊性，从方法论上批判了"左"倾、右倾的错误思想，从理论与实践的结合上全面说明和阐发了唯物辩证法的实质和核心：对立统一规律。因此，《矛盾论》是对马克思主义唯物辩证法的对立统一规律的极为系统和深刻的阐发，是马克思主义唯物辩证

. . .

[1] 《列宁全集》第 55 卷，人民出版社 1990 年版，第 192 页。
[2] 《毛泽东选集》第一卷，人民出版社 1991 年版，第 299 页。

矛 盾 论

（一九三七年八月）

事物的矛盾法则，即对立统一的法则，是唯物辩证法的最根本的法则。列宁说：“就本来的意义讲，辩证法是研究对象的本质自身中的矛盾。”……列宁常称这个法则为辩证法的本质，又称之为辩证法的核心。……因此，我们在研究这个法则时，不得不涉及广泛的方面，不得不涉及许多哲学问题。如果我们对这些问题都弄清楚了，我们就从根本上懂得了唯物辩证法。这些问题是：两种宇宙观；矛盾的普遍性；矛盾的特殊性；主要的矛盾和主要的矛盾方面；矛盾诸方面的同一性和斗争性；对抗在矛盾中的地位。

苏联哲学界在最近数年中批判了德波林学派的唯心论，这引起了我们的很大的兴趣。德波林的唯心论在中国共产党内发生了极坏的影响，我们党内的教条主义思想不能说与这个学派的作风没有关系。因此，我们现在的哲学研究工作，应当以扫除教条主义思想为主要的目标。

图为收入《毛泽东选集》第一卷的《矛盾论》内页 ↑

法思想在中国条件下的继承和发展，是对中国传统文化中的辩证法思想的提升和发展，是中国革命中错综复杂的矛盾运动在理论上的反映。

同《实践论》一样，《矛盾论》原先是毛泽东为延安抗大作哲学讲演用的《辩证法唯物论（讲授提纲）》中的“矛盾统一法则”章节。1937 年 8 月，该文在延安油印发表，书名是《矛盾论统一法则》。新中国成立后，1952 年 4 月 1 日，该文重新发表在《人民日报》时，才定名为《矛盾论》，内容作了较大补充、修改和删节。同年 4 月 10 日出版的《毛泽东选集》第二卷将其作为首篇。1962 年《毛泽东选集》再版时，将《矛盾论》移入第一卷，与《实践论》共同构成姊妹篇。

《矛盾论》全文 2.5 万字左右，八个部分，包括引言；两种宇宙观；矛盾的普遍性；矛盾的特殊性；主要的矛盾和主要的矛盾方面；矛盾诸方面的同一性和斗争性；对抗在矛盾中的地位；结论。全文可分为三大部分：引言，说明研究事物的矛盾法则的重要性以及不得不涉及的广泛问题；六个部分全面系统地论述了唯物辩证法关于对立统一规律的基本原理；最后一个是结论。

一、矛盾法则是唯物辩证法的最根本法则

在《矛盾论》的引言部分，一共是两段，从总体上勾勒出了整篇文章的主要内容。毛泽东开篇指出："事物的矛盾法则，即对立统一的法则，是唯物辩证法的最根本法则。"[1] "矛盾"这个概念是毛泽东辩证思想的核心和基石，也是他整个哲学思想的基础。矛盾法则（规律）即对立统一规律，是唯物辩证法最根本的规律，是唯物辩证法的实质和核心。这主要是受列宁的影响。列宁在《谈谈辩证法问题》中指出："统一物之分为两个部分以及对它的矛盾着的部分的认识……是辩证法的实质（是辩证法的'本质'之一，是它的基本的特点或特征之一，甚至可说是它的基本的特点或特征）。"[2] 列宁还指出，"可以把辩证法简要地规定为关于对立面的统一的学说。这样就会抓住辩证法的核心"[3]。可以说，毛泽东是吸收和借鉴了列宁的这一认识。

的确，辩证法有三大规律：对立统一规律、质量互变规律、否定之否定规律。但是在对待这三大规律的地位时，毛泽东并没有将它们当作平行的，而是看重对立统一规律，这是辩证法最根本、最核心的规律。因为质量互变规律、否定之否定规律都是对立统一规律的展开。1957 年 2 月 27 日，毛泽东在《关于正确处理人民内部矛盾的问题》中更是精辟地指出："马克思主义的哲学认为，对立

· · ·

1　《毛泽东选集》第一卷，人民出版社 1991 年版，第 299 页。
2　《列宁选集》第 2 卷，人民出版社 2012 年版，第 556 页。
3　同上书，第 412 页。

统一规律是宇宙的根本规律。这个规律，不论在自然界、人类社会和人们的思想中，都是普遍存在的。矛盾着的对立面又统一，又斗争，由此推动事物的运动和变化。"[1] 1965 年，毛泽东在读了李达的《马克思主义哲学大纲》（内部讨论稿）后批注道："辩证法的核心是对立统一规律，其他范畴如质量互变、否定之否定、联系、发展等等，都可以在核心规律中予以说明。"[2] 1965 年 12 月 21 日，毛泽东在杭州的谈话中提道："马列主义经典著作，不但要写序言，还要作注释。写序言，政治的比较好办，哲学的麻烦，不大好搞……辩证法过去说三大规律，斯大林说四大规律。我的意见，只有一个基本的规律，就是矛盾的规律。质和量、肯定和否定、现象和本质、内容和形式、必然和自由、可能和现实，等等，都是对立的统一，哪里有平列的三个基本规律？"[3] 1966 年 1 月 12 日，他在同陶铸、陈郁等人谈话时，提到了李达编写的《唯物辩证法大纲》，指出："不把矛盾的对立统一作为唯物辩证法最根本的规律，离开矛盾对立统一来说明运动、发展和联系，就不是真正的唯物辩证法的观点。"[4] 从这些我们可以看出，毛泽东对对立统一规律"核心地位"的充分肯定。

矛盾法则最根本的内容是说一切事物都是由矛盾双方构成的统一体，在统一体中，矛盾双方既相互排斥又相互联系，既斗争又统一，由此决定了事物运动的联系并推动事物的发展。矛盾法则是自

• • •

1 《毛泽东文集》第七卷，人民出版社 1999 年版，第 213 页。
2 《毛泽东文集》第八卷，人民出版社 1999 年版，第 326 页。
3 中共中央文献研究室编：《毛泽东年谱（一九四九——一九七六）》第五卷，中央文献出版社 2013 年版，第 548 页。
4 同上书，第 552 页。

然和社会的根本规律，因而也是认识的根本规律。例如，在中国传统哲学中，五行相生相克，讲的就是矛盾法则。五行学说认为，天下万物皆由五类元素组成，分别是金、木、水、火、土，彼此之间存在相生相克的关系。金生水，因为地球上最原始的水是从地球内部转化而来的；水生木，因为水灌溉树木，树木便能欣欣向荣；木生火，因为火以木料作燃料的材料，木烧尽，则火会自动熄灭；火生土，因为火燃烧物体后，物体化为灰烬，而灰烬便是土；土生金，因为金蕴藏于泥土、石块之中，经冶炼后才提取金属。金克木，因为金属铸造的切割工具可锯毁树木；木克土，因为树根吸收土中的营养，以补己用，树木强壮了，土壤如果得不到补充，自然削弱；土克水，因为土能防水；水克火，因为火遇水便熄灭；火克金，因为烈火能熔解金属。

因此，毛泽东认为，矛盾法则的内容是非常广泛的，它包括两种宇宙观；矛盾的普遍性；矛盾的特殊性；主要的矛盾和主要的矛盾方面；矛盾诸方面的同一性和斗争性、对抗在矛盾中的地位。"如果我们将这些问题都弄清楚了，我们就在根本上懂得了唯物辩证法"[1]。因此，接下来的内容，就围绕以上问题展开。

二、两种宇宙观

在从整体上理解和分析了矛盾法则后，毛泽东在《矛盾论》的第一部分"两种宇宙观"中指出："在人类的认识史中，从来就有

……

[1] 《毛泽东选集》第一卷，人民出版社 1991 年版，第 299 页。

关于宇宙发展法则的两种见解，一种是形而上学的见解，一种是辩证法的见解，形成了互相对立的两种宇宙观。列宁说：'对于发展（进化）所持的两种基本的（或两种可能的？或两种在历史上常见的？）观点是：（一）认为发展是减少和增加，是重复；（二）认为发展是对立的统一（统一物分成为两个互相排斥的对立，而两个对立又互相关联着）。'列宁说的就是这两种不同的宇宙观。"[1] 宇宙观，又称世界观，是人们对世界的总的根本的看法。人们的社会地位不同，观察问题的角度不同，形成的世界观也不尽相同。宇宙观（世界观）是社会实践的产物和对社会存在的反映，同时，任何世界观的形成和确立都要利用先前遗留下来的现成的思想材料，这样，新宇宙观（世界观）和旧宇宙观（世界观）之间存在着某种历史的继承关系。人们认识世界和改造世界所持的态度和采用的方法最终是由宇宙观（世界观）决定的。正确的、科学的宇宙观（世界观）可以为人们认识世界和改造世界的活动提供正确的方法，错误的宇宙观（世界观）则会给人们的实践活动带来方法上的失误。

1. 两种宇宙观的基本区别

哲学史上关于宇宙观，主要讲的是唯物主义和唯心主义的对立。凡是坚持物质第一性、精神第二性的，认为世界的本质是物质的，意识是物质派生的，属于唯物主义。反之，便是唯心主义。在这里，毛泽东将辩证法和形而上学的对立提升到宇宙观的高度。

根据词源学，形而上学是指"在自然之后"。中文译名"形而上学"取自《易经》中"形而上者谓之道，形而下者谓之器"一语，是日本明治时期的井上哲次郎由 metaphysic 翻译而来的。

...

1 《毛泽东选集》第一卷，人民出版社 1991 年版，第 300 页。

形而上学是指通过理性的推理和逻辑去研究而不能直接通过感知所得到答案的问题，是指哲学的基本法则。形而上学关注理论哲学的核心问题，如基础、前提、成因、第一因和基本结构，所有真实存在的意义和目的。形而上学被尼采称作"柏拉图主义"。形而上学也叫"第一哲学"，如笛卡尔的《第一哲学沉思录》也被称为《形而上学沉思录》。亚里士多德把人类的知识分为三部分，用大树作比喻：第一部分，最基础的部分，也就是树根，是形而上学，它是一切知识的奠基；第二部分是物理学，好比树干；第三部分是其他自然科学，以树枝来比喻。

在西方，形而上学共有三个传统分支：本体论——研究何谓存在的问题；自然神学——研究神或众神及关于神的问题；普遍科学

知识链接

笛卡尔

勒内·笛卡尔（1596—1650年），法国哲学家、数学家、物理学家。他是西方现代哲学思想的奠基人之一，是近代唯心论的开拓者，提出了"普遍怀疑"的主张。他的哲学思想深深影响了之后的几代欧洲人，并为欧洲的理性主义哲学奠定了基础。他对现代数学的发展作出了重要的贡献，因将几何坐标体系公式化而被称作"解析几何之父"。

亚里士多德

　　亚里士多德（前384—前322年），古希腊伟大的哲学家、科学家和教育家，堪称希腊哲学的集大成者。他是一位百科全书式的科学家，几乎对每个学科都作出了贡献。他的写作涉及伦理学、形而上学、心理学、经济学、神学、政治学、修辞学、自然科学、教育学、诗歌、风俗以及雅典法律。

（哲学逻辑）——研究第一原则，当中引发其他的询问，如非矛盾定律。在特定的范畴下，一个客体不能同时存在又不存在。

　　在毛泽东的《矛盾论》中，形而上学是指传统的思维方式，解决这个问题的思路是：是即是，非即非。

　　《矛盾论》指出："所谓形而上学的或庸俗进化论的宇宙观，就是用孤立的、静止的和片面的观点去看世界。这种宇宙观把世界一切事物，一切事物的形态和种类，都看成是永远彼此孤立和永远不变化的。如果说有变化，也只是数量的增减和场所的变更。而这种增减和变更的原因，不在事物的内部而在事物的外部，即是由于外力的推动。形而上学家认为，世界上各种不同事物和事物的特性，从它们一开始存在的时候就是如此。后面的变化，不过是数量上的扩大或缩小。他们认为一种事物永远只能反复地产生为同样的事物，而不能变化为另一种不同的事物。"[1]

这段话包含三个内容：其一，把世界上的一切事物都看作彼此孤立而互不联系、互不依存的东西。其二，认为如果有变化，也不过是数量上的增减和场所的变化。其三，认为事物变化的原因不在事物的内部，而来自事物的外部，即外力的推动。对此，毛泽东还举了一些例子，形而上学的观点认为，社会形态的变化，资本主义的剥削，早在古代奴隶社会就已经有了，而且会一直存在。他还批评这种宇宙观，"他们不能解释事物的质的多样性，不能解释一种质变为他种质的现象"[2]。他们只能用孤立的、静止的和片面的观点去看世界。

另外一种宇宙观是唯物辩证法的宇宙观。《矛盾论》指出："辩证法的宇宙观，不论在中国，在欧洲，在古代就产生了。但是古代的辩证法带着自发的朴素的性质，根据当时的社会历史条件，还不可能有完备的理论，因而不能完全解释宇宙，后来就被形而上学所代替。生活在十八世纪末和十九世纪初期的德国著名哲学家黑格尔，对于辩证法曾经作出了很重要的贡献，但是他的辩证法是唯心的辩证法。直到无产阶级运动的伟大的活动家马克思和恩格斯综合了人类认识史的积极的成果，特别是批判地吸取了黑格尔辩证法的合理的部分，创造了辩证唯物论和历史唯物论这个伟大的理论，才在人类认识史上起了一个空前的大革命。后来，经过列宁和斯大林，又发展了这个伟大的理论。这个理论一经传到中国来，就在中

• • •

1 《毛泽东选集》第一卷，人民出版社 1991 年版，第 300—301 页。

2 同上书，第 301 页。

国思想界引起了极大的变化。"[1]可以说，毛泽东的这段话是对辩证法的宇宙观的高度概括。

唯物辩证法的宇宙观是与形而上学的宇宙观不同的，它是一种研究自然、社会、历史和思维的哲学方法。唯物辩证法试图回答的问题是"世界的存在状态问题"。唯物辩证法认为，世界存在的基本特征有两个：一个是世界是普遍联系的，另一个是世界是永恒发展的。因此，与形而上学相反，辩证法的宇宙观的基本特征是要求用联系的、发展

图为德国柏林马克思—恩格斯广场上的马克思和恩格斯雕像　多吱/供图↑

・・・
1 《毛泽东选集》第一卷，人民出版社 1991 年版，第 303—304 页。

的和全面的观点看问题。《矛盾论》指出："和形而上学的宇宙观相反，唯物辩证法的宇宙观主张从事物的内部、从一事物对他事物的关系去研究事物的发展，即把事物的发展看做是事物内部的必然的自己的运动，而每一事物的运动都和它的周围其他事物互相联系着和互相影响着。"[1]唯物辩证法对事物发展的看法：其一，事物的发展是由该事物内部引起的，这是事物发展的第一位的原因。其二，由于每一事物与周围事物是相互联系着的，因此，周围其他事物对该事物的发展也发生影响，但这种影响是事物发展的第二位原因。

可见，形而上学和辩证法的宇宙观的对立主要体现在：孤立观点与联系观点的对立，静止观点与运动观点的对立，片面观点与全面观点的对立，外因观点和内因观点的对立。这四种对立中，第四种对立是斗争的焦点，所以毛泽东详细地论述了内因观点和外因观点的对立。毛泽东通过论述唯物辩证法和形而上学的对立阐述了内因和外因的辩证关系。

2. 事物发展的内因与外因

唯物辩证法的宇宙观和形而上学的宇宙观的根本分歧就在于事物发展的根本原因是在事物的内部还是在事物的外部。唯物辩证法认为："事物发展的根本原因，不是在事物的外部而是在事物的内部，在于事物内部的矛盾性。任何事物内部都有这种矛盾性，因此引起了事物的运动和发展。事物内部的这种矛盾性是事物发展的根本原因，一事物和他事物的互相联系和互相影响则是事物发展的第二位的原因。"[2]这段话充分说明，只有承认事物内部的矛盾和矛盾

· · ·

[1] 《毛泽东选集》第一卷，人民出版社1991年版，第301页。
[2] 同上。

各方面的关系，才能从根本上说明事物联系的多样性，达到对事物辩证的了解。只有承认事物内部的矛盾和斗争，才能说明事物发展变化的源泉和动力，才能看到事物的发展变化。只有承认事物内部的矛盾和矛盾各方面的关系，才能够全面地看待事物。

这里，事物内部的矛盾即内因，是事物变化发展的内在根据，指一事物内部矛盾对立双方的相互作用和斗争。内因是事物存在的基础，是一事物区别于他事物的内在本质，是事物运动的源泉和动力，它规定着事物运动和发展的基本趋势。

事物的外部矛盾是外因，是事物存在和发展的外部条件，它通过内因而作用于事物的存在和发展，加速或延缓事物的发展进程，但不能改变事物的根本性质和发展的基本方向。

因此，《矛盾论》指出："唯物辩证法就有力地反对了形而上学的机械唯物论和庸俗进化论的外因论或被动论。这是清楚的，单纯的外部原因只能引起事物的机械的运动，即范围的大小，数量的增减，不能说明事物何以有性质上的千差万别及其互相变化。事实上，即使是外力推动的机械运动，也要通过事物内部的矛盾性。"[1]毛泽东引用了许多事例进行论证，指出了自然界中机械运动、植物和动物的发展，主要是由于内部的矛盾性；指出了社会的发展，主要也是由于内因，并详细分析论证，最后得出：社会的变化，主要地是由于社会内部的发展，即生产力和生产关系的矛盾、阶级之间的矛盾。从自然界到社会，从简单到复杂，论证了内因是事物发展的根本原因、主要原因。因此，2022 年 1 月 11 日，习近平总书记在省部级主要领导干部学习贯彻党的十九届六中全会精神专题研讨

...

1 《毛泽东选集》第一卷，人民出版社 1991 年版，第 301—302 页。

伟大的变革
庆祝改革开放40周年大型展览

班开班式上强调:"在百年奋斗历程中,党领导人民取得一个又一个伟大成就、战胜一个又一个艰难险阻,历经千锤百炼仍朝气蓬勃,得到人民群众支持和拥护,原因就在于党敢于直面自身存在的问题,勇于自我革命,始终保持先进性和纯洁性,不断增强创造力、凝聚力、战斗力,永葆马克思主义政党本色……在新的历史条件下,要永葆党的马克思主义政党本色,关键还得靠我们党自己。"[1]

但毛泽东还强调,"唯物辩证法是否排

在社会主义社会,社会基本矛盾通过改革推动社会发展。我们党就是通过改革解决生产关系不适合生产力状态、上层建筑不适合经济基础状况的问题,推动社会主义制度自我完善。图为国家博物馆举行的"伟大的变革——庆祝改革开放40周年大型展览" 中新图片/胡庆明↑

...

1 习近平:《更好把握和运用党的百年奋斗历史经验》,《求是》2022年第13期。

除外部的原因呢？并不排除"[1]。虽然辩证法认为内因是事物发展的根本原因，但并不排除外因的作用，承认外因是事物发展的第二位原因。

内因和外因之间是辩证统一的。内外因是相互联系不可分割的。外因是变化的条件，内因是变化的根据，外因通过内因起作用。一个事物的发展总是要有一定的时间、地点和条件，总要同周围其他事物相互联系，受其他事物的影响和制约，这些都是外因。因此，事物的发展除了内因外，总是有外因；内因和外因是相比较而存在，没有内因，无所谓外因，没有外因，也无所谓内因。

为了说明这个问题，毛泽东拿鸡蛋、鸡子、石头来举例，"鸡蛋因得适当的温度而变化为鸡子，但温度不能使石头变为鸡子"[2]。这里，适当的温度就是外因。适当温度使鸡蛋变成小鸡，事物的外因不可忽视，但是绝不能忽视内因的作用，如果是石头而不是鸡蛋，再合适的温度也是孵不出小鸡的。可见，外因通过内因起作用。

毛泽东还用内外因详细地分析了中国革命。首先，十月革命和中国革命。《矛盾论》指出："十月社会主义革命不只是开创了俄国历史的新纪元，而且开创了世界历史的新纪元，影响到世界各国内部的变化，同样地而且还特别深刻地影响到中国内部的变化，但是这种变化是通过了各国内部和中国内部自己的规律性而起的。"[3]中国革命在吸收和借鉴俄国十月革命的成果，但绝不是照抄照搬，因

•••

1 《毛泽东选集》第一卷，人民出版社 1991 年版，第 302 页。

2 同上。

3 同上书，第 303 页。

为两个国家的国情不一样，中国革命必须与中国国情相结合。1942年3月30日，毛泽东在如何研究中共党史的谈话中指出："研究中共党史，应该以中国做中心，把屁股坐在中国身上……我们研究中国就要拿中国做中心，要坐在中国的身上研究世界的东西。我们有些同志有一个毛病，就是一切以外国为中心，作留声机，机械地生吞活剥地把外国的东西搬到中国来，不研究中国的特点。不研究中国的特点，而去搬外国的东西，就不能解决中国的问题。"[1]其次，战争的胜负。《矛盾论》指出："两军相争，一胜一败，所以胜败，皆决于内因，胜者或因其强，或因其指挥无误，败者或因其弱，或因其指挥失宜，外因通过内因而引起作用。"[2]战争的胜败，取决于内因。第五次反"围剿"失败后，博古、李德等人在总结失败原因时指出，"非战之罪，乃天亡我"，认为失利的主要原因是外部条件。对此，毛泽东持否定态度。1936年11月至1937年4月，他在认真阅读苏联西洛可夫等著、李达译的《辩证法唯物论教程》时，写下了一万多字的读书批注，在读"外的矛盾，只有通过过程之发展的内的规律性，才影响于过程的发展"这一观点时，毛泽东批注道："'非战之罪，乃天亡我'的说法是错误的。五次反'围剿'失败，敌人的强大是原因，但战之罪，干部政策之罪，外交政策之罪，军事冒险之罪，是主要原因。机会主义，是革命失败的主要原因。"[3]最后，革命的胜利，必须依靠自己政治路线的正确和组织上的巩固。《矛盾论》指出："一九二七年中国大资产阶级战败了无产

...

1 《毛泽东文集》第二卷，人民出版社1993年版，第407页。
2 《毛泽东选集》第一卷，人民出版社1991年版，第303页。
3 《毛泽东哲学批注集》，中央文献出版社1988年版，第106—107页。

阶级，是通过中国无产阶级内部的（中国共产党内部的）机会主义而起作用的。当着我们清算了这种机会主义的时候，中国革命就重新发展了。后来，中国革命又受了敌人的严重的打击，是因为我们党内产生了冒险主义。当着我们清算了这种冒险主义的时候，我们的事业就又重新发展了。由此看来，一个政党要引导革命到胜利，必须依靠自己政治路线的正确和组织上的巩固。"[1]这是对盲目依赖俄国革命经验的党内错误思想的批判，强调中国革命必须从中国的实际出发。

三、矛盾的普遍性与特殊性

"矛盾"一词，最初是指思维或语言上在两个或更多陈述、想法或行动之间的不一致现象。在《韩非子·难一》中记载着这样一个故事：有一位卖盾牌和卖矛的楚国人，他夸赞自己卖的盾牌说："我的盾牌坚固无比，什么东西都无法刺穿它。"又夸赞自己卖的矛说："我的矛锋利无比，什么东西都可以刺穿。"有人问他说："用你的矛来试着刺穿你的盾，结果会变成什么样子呢？"那人张口结舌，一句话也说不出。不能被刺穿的盾牌和什么都能刺穿的矛，是不可以同时存在的。从此，"矛盾"就被人们用来表示相互抵触的现象和情况。在老子的《道德经》中，也列举了大量的矛盾现象，如"有无相生，难易相成，长短相形，高下相倾，音声相和，前后相随"。《孙子兵法》更是包含丰富的敌我双方攻守的矛盾思想。

...

1 《毛泽东选集》第一卷，人民出版社 1991 年版，第 303 页。

《韩非子》在《难一》和《难势》两章中用"矛盾"来表述客观事物的对立统一关系。可以说，"矛盾"在中国古代哲学中是一个多义词：一种含义是指"互相对立"和"逻辑上不相容"，即二律背反的意思；另一种含义是指"既对立又统一"，即相反相成的意思。

在逻辑学上，矛盾、自相矛盾或抵触被更加特殊化地定义为同时断言一个命题和它的否定。这个想法基于亚里士多德的无矛盾律，它声称"你不能同时声称某事物在同一方面既是又不是"。当我们说命题 S 与 P 矛盾时，意思是二者相当于 A 和非 A 的关系，也就是 S 与 P 不能同时为真，亦不能同时为假。举例来说，"所有学生都用功"和"有些学生不用功"就是逻辑上存在矛盾。

在《矛盾论》中，矛盾则是指辩证矛盾，它不同于形式逻辑矛盾，它指任何客体或过程自身具有的既对立又统一的关系。它是现实的矛盾，存在于自然界和社会的一切事物和现象以及人的思维中。列宁把它称为"实际生活中的实际矛盾"，"而不是字面上的、臆造出来的矛盾"。

1.矛盾的普遍性

在《矛盾论》的第一段，毛泽东指出，矛盾的叙述方法：普遍—特殊—普遍，也就是先讲矛盾的普遍性，再讲矛盾的特殊性，最后再回到矛盾的普遍性。这与矛盾的研究方法不一样。矛盾的研究方法是特殊—一般—特殊。《矛盾论》指出："就人类认识运动的秩序说来，总是由认识个别的和特殊的事物，逐步地扩大到认识一般的事物。人们总是首先认识了许多不同事物的特殊的本质，然后才有可能更进一步地进行概括工作，认识诸种事物的共同的本质。当着人们已经认识了这种共同的本质以后，就以这种共同的认识为指导，继续地向着尚未研究过的或者尚未深入地研究过的各种具体的事物进行研究，找出其特殊的本质，这样才可以补充、丰富和发展这种共同的本质的认识，而使这种共同的本质的认识不致变成枯槁的和僵死的东西。这是两个认识的过程：一个是由特殊到一般，一个是由一般到特殊。人类的认识总是这样循环往复地进行的，而每一次的循环（只要是严格地按照科学的方法）都可能使人类的认识提高一步，使人类的认识不断地深化。"[1]

在矛盾的叙述方法中，毛泽东按照的是普遍—特殊—普遍的顺序。他为什么这样做呢？第一，"这是因为马克思主义的伟大的创造者和继承者马克思、恩格斯、列宁、斯大林他们发现了唯物辩证法的宇宙观，已经把唯物辩证法应用在人类历史的分析和自然历史的分析的许多方面，应用在社会的变革和自然的变革（例如在苏联）的许多方面，获得了极其伟大的成功，矛盾的普遍性已经被很多人所承认"[2]，因此，这个问题只需要很少的话就可以说明白。第二，我们党内的教条主义者，"他们不了解矛盾的普遍性即寓于矛盾的特殊性之中，他们也不了解研究当前具体事物的矛盾的特殊性，对于我们指导革命实践的发展有何等重要的意义"[3]。所以，针对这些教条主义者，毛泽东要用很重的篇幅讲矛盾的特殊性。

接下来，毛泽东详细讲解了矛盾的普遍性。矛盾的普遍性是指矛盾是客观的，矛盾存在于一切事物中，并且贯穿每一事物发展过程的始终，即事事有矛盾，时时有矛盾。"矛盾的普遍性或绝对性这个问题有两方面的意义。其一是说，矛盾存在于一切事物的发展

• • •

1　《毛泽东选集》第一卷，人民出版社 1991 年版，第 309—310 页。
2　同上书，第 304 页。
3　同上。

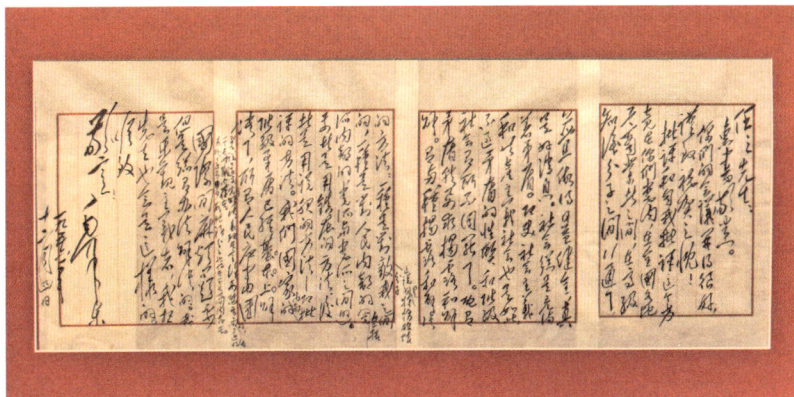

过程中；其二是说，每一事物的发展过程中存在着自始至终的矛盾运动。"[1]

矛盾普遍性的第一种含义："矛盾存在于一切事物的发展过程中。"为了说明这个问题，毛泽东引用了恩格斯和列宁关于矛盾普遍性的论述，又通过战争、发展、党内的思想对立和斗争等例子，论证了矛盾的普遍性，并得出结论："不论是简单的运动形式，或复杂的运动形式，不论是客观现象，或思想现象，矛盾是普遍地存在着，矛盾存在于一切过程中。"[2]

自然界的各种运动都充满了矛盾，如物体在同一瞬间既在这个地方又不在这个地方，是机械运动的矛盾；在物理运动中，有

• • •

1 《毛泽东选集》第一卷，人民出版社 1991 年版，第 305 页。
2 同上书，第 306 页。

1956 年 12 月 4 日，毛泽东致信黄炎培，第一次提到社会主义社会中有两类不同性质的矛盾。图为毛泽东给黄炎培的信　海峰 / 供图 ↑

吸引和排斥、正电和负电、吸热和辐射热等矛盾；在化学运动中，有化合与分解、阳离子和阴离子等矛盾；在生命运动中，存在着同化与异化、遗传与变异等矛盾。人类社会运动也充满了矛盾，生产力和生产关系的矛盾、经济基础和上层建筑的矛盾，是人类社会的基本矛盾。在阶级社会中，剥削阶级与被剥削阶级之间、剥削阶级内部乃至被剥削阶级的不同阶层之间，都充满着矛盾。在社会主义社会的各个领域中，也都存在着矛盾。例如，我们在社会主义市场经济条件下搞建设，就存在着公平和效率，经济建设和人口、资源、环境等种种矛盾。在政治生活中，存在着民主与集中、民主与法治等矛盾。在社会生活中存在着真与假、善与恶、美与丑等矛盾；人类思维领域也充满了矛盾，如知与不知、正确思想与错误思想等。总之，世界上任何事物都有矛盾，不包含矛盾的事物是不存在的。

矛盾普遍性的第二种含义："每一事物的发展过程中存在着自始至终的矛盾运动。"这里，毛泽东批判了德波林只肯定差异而否定矛盾的错误观点。毛泽东指出，差异就是矛盾，从而论证了矛盾贯穿事物过程的始终，事物发展全过程始终包含着矛盾。当然，矛盾的表现形式不同，有时表现为差异，有时激化成为对抗性的，这是矛盾的差别问题，而不是矛盾的有无问题。矛盾是时时有，而不是时有时无，最后，又把矛盾贯穿始终的思想作出进一步发挥，指出：新过程的发生，不是从无矛盾而来，而是从旧过程的矛盾转化而来；旧过程的结束，不是向无矛盾而去，而是转化为新过程的矛盾。新旧过程的交替，不是矛盾的消灭，而是矛盾的转化。《矛盾论》指出："他们不知道世界上的每一差异中就已经包含着矛盾，差异就是矛盾。劳资之间，从两阶级发生的时候起，就是互相矛盾的，仅仅还没有激化而已。工农之间，即使在苏联的社会条件下，也有差异，它们的差异就是矛盾，仅仅不会激化成为对抗，不取阶级斗争的形态，不同于劳资间的矛盾；它们在社会主义建设中形成巩固的联盟，并在由社会主义走向共产主义的发展过程中逐渐地解决这个矛盾。这是矛盾的差别性的问题，不是矛盾的有无的问题。矛盾是普遍的、绝对的，存在于事物发展的一切过程中，又贯串于一切过程的始终。"[1]

如何理解差异就是矛盾？从矛盾的普遍性原理去理解，差异就是矛盾，并不是给矛盾下定义，而是说矛盾普遍存在，无处不在，无时不有。

第一，任何差异都是矛盾。这里所说的差异是指有联系的差别和对立，指统一体内部的差别，而不是两种毫无联系不相干的东西。

第二，差异往往是指矛盾的初始阶段，即没有激化的矛盾，是矛盾的量变阶段，还不是解决阶段。差异指矛盾的差别性，而不是指矛盾的有无问题。

在矛盾的普遍性问题的最后，毛泽东强调："中国共产党人必须学会这个方法，才能正确地分析中国革命的历史和现状，并推断革命的将来。"[2] 这里所说的"这个方法"就是矛盾分析法。马克思在《资本论》中对资本主义社会的分析就采用了这样一种方法。因此，中国共产党人必须自觉地树立矛盾观念，科学地运用矛盾分析方法，才能正确地认识事物的本质和规律，才能取得各项事业的胜

• • •

[1] 《毛泽东选集》第一卷，人民出版社 1991 年版，第 307 页。
[2] 同上书，第 308 页。

利。具体怎么做呢，就是我们要承认矛盾，直面矛盾，解决矛盾。

承认矛盾的普遍性是正确认识事物的基础和解决矛盾的关键。因此，必须承认矛盾的存在，不能对矛盾遮遮掩掩，避而不谈，甚至无视矛盾。这样是不能正确地认识和分析问题，找到解决问题的方法的。今天，我们中国的发展取得了令世人瞩目的成就，这并不是说我们就没有问题，没有挑战。因此，党的十八大以来，习近平总书记在多个场合指出："我国正处于跨越'中等收入陷阱'并向高收入国家迈进的历史阶段，矛盾和风险比从低收入国家迈向中等收入国家时更多更复杂。所以，凡事要从坏处准备，努力争取最好结果，做到有备无患。我们注重处理好经济社会发展各类问题，既防范增长速度滑出底线，又理性对待高速增长转向中高速增长的新常态；既强调改善民生工作，又实事求是调整一些过度承诺；既高度关注产能过剩、地方债务、房地产市场、影子银行、群体性事件等风险点，又采取有效措施化解区域性和系统性金融风险，防范局部性问题演变为全局性风险。"[1] 他还强调："增强忧患意识，做到居安思危，是我们治党治国必须始终坚持的一个重大原则。"[2] 真正做到，安而不忘危，存而不忘亡，治而不忘乱。

2. 矛盾的特殊性

在《矛盾论》一书中，毛泽东用了非常多的篇幅讨论矛盾的特殊性，形成了独树一帜的矛盾特殊性理论，这为马克思主义哲学的发展作出了突出贡献。

· · ·

1 中共中央文献研究室编：《习近平关于社会主义经济建设论述摘编》，中央文献出版社 2017 年版，第 318—319 页。

2 《习近平谈治国理政》第一卷，外文出版社 2018 年版，第 200 页。

136 《实践论》《矛盾论》导读（图文版）

这个世界上，没有完全相同的两片树叶。每一事物以及这一事物内部的每一侧面，都有其不同的本质和特点。这种存在于事物、过程、阶段或它们内部诸方面中的不同本质、不同点、区别点和个别特性，就是由矛盾的特殊性构成的。

关于矛盾的特殊性问题，《矛盾论》分析了下面五种情形：各种物质的运动形式中的矛盾；每一物质运动形式在各个发展过程中的矛盾；每一发展过程中的矛盾的各个方面；每一过程中各个发展阶段上的矛盾；每一发展过程中的各个阶段中矛盾的各个方面。

矛盾的特殊性的第一种形式：各种物质运动形式中的矛盾，都带有矛盾特殊性。毛泽东指出任何一种物质运动形式，其内部都包含着特殊的矛盾，从而构成一种物质运动形式区别于其他物质运动形式的特殊本质，这是矛盾的特殊性。机械运动、物理运动、化学运动、生物运动和社会运动是五种不同的运动形式，因为它们都具有各自的矛盾特殊性。"任何运动形式，其内部都包含着本身特殊的矛盾。这种特殊的矛盾，就构成一事物区别于他事物的特殊的本质。这就是世界上诸种事物所以有千差万别的内在的原因，或者叫做根据。"[1]各种运动形式本身的特殊矛盾，构成一事物区别于他事物的特殊本质，这是世界上诸种事物所以有千差万别的内在原因或根据。研究矛盾的特殊性，首先就要弄清楚是何种物质运动形式的矛盾，然后根据其特殊的矛盾性质采取相适合的解决矛盾的特殊方法。人们认识世界，就是要把握事物的本质，归根结底，也就是要把握矛盾的特殊性，这是一个事物区别于其他事物的根据。在毛泽东看来，只有认识了事物的特殊性，才能科学地把握和认识事物

......

[1] 《毛泽东选集》第一卷，人民出版社 1991 年版，第 308—309 页。

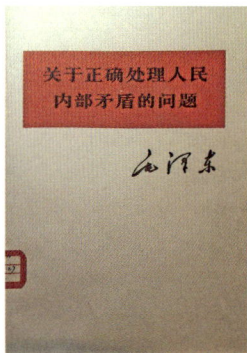

本身。当然，这并不是说事物的普遍性不重要，而是强调获得一般性的规律需要从事物的特殊性入手。在这一点上，毛泽东批评了教条主义者，"一方面，不懂得必须研究矛盾的特殊性，认识各别事物的特殊的本质，才有可能充分地认识矛盾的普遍性，充分地认识诸种事物的共同的本质；另一方面，不懂得在我们认识了事物的共同的本质以后，还必须继续研究那些尚未深入地研究过的或者新冒出来的具体的事物"[1]。在《矛盾论》中，毛泽东将从特殊到一般、再从一般到特殊的认识过程归结为"人类认识真理的正常秩序"。所以说，教条主义者是懒汉，"他们拒绝对于具体事物做任何艰苦的研究工作，他们把一般真理看成是凭空出现的东西，把它变成为人们所不能够捉摸的纯粹抽象的公式，完全否认了并且颠倒了这个人类认识真理的正常秩序。他们也不懂得人类认识的两个过程的互相联结——由特殊到一般，又由一般到特殊，他们完全不懂得马克思主义的认识论"[2]。

矛盾特殊性的第二种形式：每一物质运

---

1 《毛泽东选集》第一卷，人民出版社1991年版，第310页。
2 同上。

动形式在其发展过程中的矛盾具有特殊性。也就是说，每一种物质运动形式发展中的不同过程的矛盾都具有特殊性。事物是过程的集合体，因此，不但要研究每一个大系统的物质运动形式的特殊性，而且还要研究每一物质运动形式在其发展过程中的矛盾具有特殊性。每一种物质运动形式在其发展中都要经过若干相互联系的发展过程，在每一发展过程中都存在着与其他发展过程不同的特殊矛盾，而且存在着多种相互联系又相互区别的特殊矛盾。一切运动形式的每一个实在的非臆造的发展过程内，都是不同质的。"不同质的矛盾，只有用不同质的方法才能解决。"要认识事物发展过程的情况，就要研究其内部存在的各个特殊矛盾，"用不同的方法去解决不同的矛盾"。在这里，毛泽东举了几个例子，无产阶级和资产阶级的矛盾，用社会主义革命的方法去解决；人民大众和封建制度的矛盾，用民主革命的方法去解决；殖民地和帝国主义的矛盾，用民族革命战争的方法去解决；在社会主义社会中工人阶级和农民阶级的矛盾，用农业集体化和农业机械化的方法去解决；共产党内的矛盾，用批评和自我批评的方法去解决；社会和自然界的矛盾，用发展生产力的方法去解决。而且，过程变化，旧过程和旧矛盾消灭，新过程和新矛盾发生，解决矛盾的方法也因之而不同。"用不同的方法去解决不同的矛盾，这是马克思列宁主义者必须严格地遵守的一个原则。"[1]教条主义就是违背了这一原则。"教条主义者不遵守这个原则，他们不了解诸种革命情况的区别，因而也不了解应当用不同的方法去解决不同的矛盾，而只是千篇一律地使用一种自以为不可改变的公式到处硬套，这就只能使革命遭受挫折，或者将本

...

1 《毛泽东选集》第一卷，人民出版社 1991 年版，第 311 页。

来做得好的事情弄得很坏。"¹

矛盾特殊性的第三种形式：每一发展过程中的矛盾的各个方面具有特殊性。毛泽东认为，一个大的事物，在其发展过程中，包含着许多矛盾。"这些矛盾，不但各各有其特殊性，不能一律看待，而且每一矛盾的两个方面，又各各有其特点，也是不能一律看待的。"²因此就要求"具体问题具体分析"。1920年，列宁正式提出，"马克思主义的精髓，马克思主义的活的灵魂：对具体情况作具体分析"³。此外，还需忌带主观性、片面性和表面性。所谓主观性，就是不知道客观地看问题，即不知道用唯物主义的观点去看问题。所谓片面性，就是不知道全面地去看问题。表面性，是对矛盾总体和矛盾各方的特点都不去看，否认深入事物里面精细地研究矛盾特点的必要，仅仅站在那里远远地望一望，粗枝大叶地看到一点矛盾，就想动手去解决矛盾（答复问题、解决纠纷、处理工作、指挥战争）。这样的做法，没有不出乱子的。《矛盾论》指出："片面性、表面性也是主观性，因为一切客观事物本来是互相联系的和具有内部规律的，人们不去如实地反映这些情况，而只是片面地或表面地去看它们，不认识事物的互相联系，不认识事物的内部规律，所以这种方法是主观主义的。"⁴

矛盾特殊性的第四种形式：各个发展过程在其各个发展阶段上的矛盾具有特殊性。事物发展过程中的多种矛盾由于其内部相互作用、相互斗争的情况不同，有些激化了，有些缓和了，有些暂时地

...

1 《毛泽东选集》第一卷，人民出版社 1991 年版，第 311 页。
2 同上书，第 312 页。
3 《列宁选集》第 4 卷，人民出版社 2012 年版，第 213 页。
4 《毛泽东选集》第一卷，人民出版社 1991 年版，第 313—314 页。

局部解决了，还有一些新的矛盾又产生了，这就使过程显现出阶段性来。事物在各个发展阶段上的矛盾也各有其特殊性。对于这个问题，毛泽东通过自由资本主义阶段发展为帝国主义阶段，又通过中国资产阶级民主革命过程的各个阶段的分析，来说明研究阶段矛盾特殊性的意义。在这里，他提出了根本矛盾，"事物发展过程的根本矛盾及为此根本矛盾所规定的过程的本质，非到过程完结之日，是不会消灭的"[1]。根本矛盾没有解决，过程不会结束；根本矛盾解决了，此一过程才被另一过程所取代。复杂事物常常需要经过若干发展阶段才能完成，因此，认识复杂事物发展过程的特殊矛盾，就要努力地分析事物发展过程中的矛盾的特殊性。

矛盾特殊性的第五种形式：各个发展阶段上的矛盾的各方面具有特殊性。每一阶段上的每一个矛盾的两个方面都有各自的特殊性，在事物发展过程中的性质、地位和作用都是各不相同的，也要作具体分析。毛泽东以新民主主义革命阶段时的国民党和共产党两方面为例，详细地分析了国民党和共产党双方的特点，最后指出，如果不研究这些矛盾各个方面的特点，就不能了解这两个党各自及其各方面的关系，也不能了解两党之间的相互关系。

总之，这五种情形概括起来，就是要用发展的观点和全面的观点，多方面、多层次地具体分析和把握矛盾的各种特性。既要分析事物在其发展过程中和同一发展过程的不同阶段上的矛盾的特殊性，又要分析不同事物的矛盾和诸方面的矛盾。不论研究哪种矛盾的特殊性，都不能带主观随意性，必须对它们进行具体的分析。《矛盾论》指出："研究所有这些矛盾的特性，都不能带主观随意性，

. . .

---

1 《毛泽东选集》第一卷，人民出版社 1991 年版，第 314 页。

必须对它们实行具体的分析。离开具体的分析，就不能认识任何矛盾的特性。我们必须时刻记得列宁的话：对于具体的事物作具体的分析。"[1]

3. 矛盾普遍性和特殊性的关系

毛泽东的矛盾特殊性理论在他的矛盾学说中占有重要的地位，尤其是矛盾的普遍性与特殊性的关系问题是他解决马克思主义普遍真理与中国革命具体实际相结合的理论依据。

矛盾的普遍性和特殊性的关系表现在以下两个方面。

一是矛盾的普遍性在一定条件下可以转化为矛盾的特殊性。矛盾的特殊性在一定特殊条件下也可以转化为矛盾的普遍性。这是因为"事物范围的极其广大，发展的无限性，所以，在一定场合为普遍性的东西，而在另一一定场合则变为特殊性"[2]。例如，资本主义社会的生产社会化和生产资料私有制之间的矛盾，对于资本主义来说，是共同的，是矛盾的普遍性，但这种矛盾的普遍性对于阶级社会这个大范围来说，又有自己的特点，于是转化为特殊性。又如，我国的民族资产阶级"一身二任"，既有反帝反封建的革命性，又有同敌人妥协的两重性；如果从国际范围的资产阶级来考察，它就是特殊性的、相对的，但在中国或类似中国这样的条件下的民族资产阶级中，它又是普遍性、绝对性的东西了。

二是矛盾的普遍性和特殊性的相互联结。因为矛盾的特殊性和普遍性是相互转化的，所以两者是相互联结的，这种相互联结的具体表现是：每一事物既包含着矛盾的特殊性，又包含着矛盾的普

• • •

1　《毛泽东选集》第一卷，人民出版社 1991 年版，第 317 页。

2　同上书，第 318 页。

遍性，普遍性存在于特殊性之中，没有特殊性，就没有普遍性。既然矛盾普遍性和特殊性是相互联结的，那么，在研究一个特定事物时，就应当去研究矛盾的普遍性和特殊性以及这两者的相互联结，研究这一事物和其他事物的相互联结。

《矛盾论》指出："矛盾的普遍性和矛盾的特殊性的关系，就是矛盾的共性和个性的关系。"[1]矛盾普遍性是说矛盾存在于一切过程中，并贯穿一切过程始终。可见，矛盾无处不在、无时不有，否认矛盾的普遍性，就是否认了一切，也否认了世界，所以说矛盾普遍性是共性，是绝对性的。矛盾特殊性是说矛盾着的事物及其每一侧面有其特点，指

毛泽东在《矛盾论》中论述了矛盾的普遍性和特殊性的关系。图为《毛泽东选集》收入的《矛盾论》关于"矛盾的特殊性"相关论述的内页↑

....

1 《毛泽东选集》第一卷，人民出版社 1991 年版，第 319 页。

矛盾特殊性的个性，而一切个性都是有条件的，暂时地存在的，所以是相对的。

毛泽东指出，矛盾普遍性和特殊性关系的原理，是关于事物矛盾的问题的精髓。不懂得它，就等于抛弃了辩证法。他认为，共性个性、绝对相对是任何矛盾自身固有的两重属性。"每一个事物内部不但包含了矛盾的特殊性，而且包含了矛盾的普遍性"，就是说共性、个性是一对形影不离的伴侣，它们共同存在于矛盾的统一体中，只有个性而无共性或只有共性而无个性，只有相对而无绝对性或只有绝对而无相对性的矛盾是不存在的。同时，共性、个性、绝对性、相对性的相互联结，表现为共性存在于个性之中。毛泽东指出，共性包含于一切个性之中，无个性即无共性。不能设想，在个别事物之外，还存在着纯粹的一般事物，抽象的一般的人是不存在的，共性一般是从个性、特殊中科学抽象出来的。而且，共性和个性、绝对性和相对性，无不在一定的条件下相互转化。

《矛盾论》强调："这一共性个性、绝对相对的道理，是关于事物矛盾的问题的精髓，不懂得它，就等于抛弃了辩证法。"[1]

为什么共性个性、绝对相对是矛盾问题的"精髓"？

第一，从共性个性、绝对相对的关系在矛盾问题中的地位和作用来理解。矛盾的普遍性表明矛盾无处不在、无时不有，诸矛盾之间有共性，这是绝对性。矛盾的特殊性表明矛盾着的事物及其每一个侧面各有其特点，这是个性、相对性。主要矛盾和矛盾的主要方面是讲矛盾的差别性和不平衡性，属于矛盾特殊性，也是个性、相对性。同一性是相对的，斗争性是绝对的。矛盾的对抗形式和非对

---

1 《毛泽东选集》第一卷，人民出版社 1991 年版，第 320 页。

抗形式，讲的是矛盾斗争的绝对性和斗争形式的相对性。可见，共性个性、绝对相对的关系像一条主线，贯穿矛盾问题的各个方面，把矛盾问题统一起来，在矛盾问题中占有核心地位，起非常重要的作用，是理解矛盾学说的一把钥匙。

第二，从共性个性、绝对相对的关系在认识、分析矛盾问题中的作用来理解。只有懂得共性个性、绝对和相对的道理（辩证关系），才能对具体事物进行具体分析，才能正确认识、分析矛盾。既然任何事物内部不但包含了矛盾的特殊性、个性、相对性，而且包含了矛盾的普遍性、共性、绝对性，都是普遍与特殊、共性与个性、绝对与相对的统一，那么，我们要想正确地认识事物的矛盾，就必须分析矛盾的共性个性、绝对相对及其相互关系。既不能离开共性、绝对性去分析个性相对性，也不能离开个性、相对性去认识共性、绝对性，必须把共性和个性结合起来，把绝对和相对联系起来。要以个性、相对性为基础，从中分析出共性、绝对性，又要在共性、绝对性指导下去认识个性、相对性。就人类认识运动的规律来说，总是先认识事物的特殊性、个性、相对性，然后扩大到认识事物的普遍性、共性、绝对性，再以这种普遍性、共性、绝对性为指导，去认识其他事物的特殊性、个性、相对性。这是两个认识过程，一个过程是特殊到普遍，从个性到共性，从相对到绝对；另一个过程是从普遍到特殊，从共性到个性，从绝对到相对。只有把这两个过程辩证地结合在一起，才能完整全面地认识矛盾，要把这两个过程结合在一起，就必须运用共性个性、绝对性相对性的关系。

第三，从共性个性、绝对性相对性的关系在解决矛盾中的作用来理解。要想在实践中正确地解决各种矛盾，就必须解决矛盾的共性个性、绝对相对的关系。不了解共性个性、绝对相对的关系，就不能够做到用不同质的方法解决不同质的矛盾，也不能处理各种矛盾之间的关系。

马克思主义理论要同各国革命、建设的具体实践相结合，就必须正确处理共性个性、绝对相对的关系，否则，就无法同各国的实践相结合。理论与实践具体的历史的统一是马克思主义的根本原则，只有正确处理共性个性、绝对相对的关系，才能做到理论与实践具体的历史的统一，才能正确解决和处理矛盾。所以，共性个性、绝对相对的道理是矛盾问题的精髓。

四、主要的矛盾和矛盾的主要方面

关于主要矛盾和主要的矛盾方面的概念，在马克思主义经典作家那里并没有相关的论述，直到 20 世纪 30 年代苏联教科书中才有类似提法（《辩证法唯物论教程》曾提出过"矛盾之主导方面"的概念），但是没有进一步展开阐述。毛泽东在《矛盾论》中，通过吸收苏联教科书中相关思想，并结合中国革命的实际情况和需要，对主要矛盾作了系统而深刻的发挥，进一步提出主要矛盾和次要矛盾、矛盾的主要方面和次要方面的区别及其在一定条件下互相转化的重要思想。

1. 主要矛盾与次要矛盾

毛泽东指出，主要矛盾是指在许多矛盾构成的体系中起领导作用，规定和影响其他矛盾的存在和发展的矛盾。《矛盾论》指出："在复杂的事物发展的过程中，有许多的矛盾存在，其中必有一种是主要的矛盾，由于它的存在和发展规定或影响着其他矛盾的存在和发展。"[1] 次要矛盾（非主要的矛盾）是指处于被支配地位的，对事物的发展不起决定作用的矛盾。他指出，任何过程都有许多矛盾存在，其中必定有一种主要的，起着领导的、决定的作用，其他则处于次要和服从的地位。

为了说明主要的矛盾，毛泽东以资本主义社会为例。在资本主义社会中，无产阶级和资产阶级这两个矛盾着的力量是主要的矛盾；残存的封建阶级和资产阶级的矛盾、农民小资产者和资产阶级的矛盾、无产阶级和农民小资产者的矛盾、自由资产阶级和垄断资产阶级的矛盾、资产阶级的民主主义和资产阶级的法西斯主义的矛盾、资本主义国家相互间的矛盾、帝国主义和殖民地的矛盾等则是非主要矛盾。

关于主要矛盾和次要矛盾的关系。他认为，这两者的关系不是凝固不化的、一成不变的，在一定条件下可以相互转化。毛泽东以半殖民地半封建的中国为例，当帝国主义向中国发动侵略战争的时候，中国的内部各阶级，除开一些叛国分子以外，能够暂时地团结起来举行民族战争去反对帝国主义。这时，民族矛盾成为主要矛盾，阶级矛盾下降为次要矛盾。但"当着帝国主义不是用战争压迫而是用政治、经济、文化等比较温和的形式进行压迫的时候，半殖民地国家的统治阶级就会向帝国主义投降，二者结成同盟，共同压迫人民大众"[2]。这时，阶级矛盾就上升为主要矛盾，而民族矛盾则成为次要矛盾。

• • •

1 《毛泽东选集》第一卷，人民出版社 1991 年版，第 320 页。

2 同上，第 321 页。

关于主要矛盾的意义，毛泽东指出："研究任何过程，如果是存在着两个以上矛盾的复杂过程的话，就要用全力找出它的主要矛盾。捉住了这个主要矛盾，一切问题就迎刃而解了。这是马克思研究资本主义社会告诉我们的方法。"[1] 为什么只要抓住了主要矛盾，一切问题就迎刃而解了？因为主要矛盾在事物的发展过程中起决定作用。因此，做事情要善于抓重点。例如，抗日战争时期，中日民族矛盾是主要矛盾，其他矛盾是次要矛盾。在这个时期，抓住了中日民族矛盾，就牵动了全局，在这个前提下，采取正确的方

1937 年 7 月 7 日，卢沟桥事变爆发，日本发动全面侵华战争，中华民族开始进行全民族抗战。图为中国驻军在卢沟桥奋起抵抗　海峰／供图↑

1 《毛泽东选集》第一卷，人民出版社 1991 年版，第 322 页。

针和政策，抗日民族统一战线能够建成，进步势力能够得到发展，中间势力可争取过来，顽固势力受到孤立，最后不仅打败了日本侵略者，还揭露了蒋介石假抗日真反共的反革命面目，壮大了革命力量，为最后消灭国民党反动派创造了有利的条件。可见，抓住并解决主要矛盾，可带动和促进其他矛盾的解决。又如，1981 年，党的十一届六中全会通过的《关于建国以来党的若干历史问题的决议》对社会主要矛盾作了正式概括："在社会主义改造基本完成以后，我国所要解决的主要矛盾，是人民日益增长的物质文化需要同落后的社会生产之间的矛盾。"这一表述对比党的八大的提法有两点变化：一是不再从国家发展层面讲"建立先进的工业国的要求同落后的农业国的现实之间的矛盾"；二是把"人民对于经济文化迅速发展的需要同当前经济文化不能满足人民需要之间的矛盾"，改成"人民日益增长的物质文化需要同落后的社会生产之间的矛盾"。正因为如此，我们党将我们工作的重心放在了经济建设上来，这就抓住了主要矛盾这个核心。2017 年，在党的十九大上，习近平总书记审时度势，根据社会经济发展的需要，提出当前中国特色社会主义进入新时代，我国社会主要矛盾已经转化为人民日益增长的美好生活需要和不平衡不充分的发展之间的矛盾。我国稳定解决了十几亿人的温饱问题，全面建成小康社会，人民美好生活需要日益广泛，不仅对物质文化生活提出了更高要求，而且在民主、法治、公平、正义、安全、环境等方面的要求日益增长。同时，我国社会生产力水平总体上显著提高，社会生产能力在很多方面进入世界前列，更加突出的问题是发展不平衡不充分，这已经成为满足人民日益增长的美好生活需要的主要制约因素。可见，抓住主要矛盾对全部问题的解决是具有关键性与方向性意义的。

但是，还需要注意的是，强调抓住和解决主要矛盾的重要性，不能归结为可忽视或撇开各种处于次要地位的矛盾。主要矛盾和次要矛盾各有自己的特点和规律，解决主要矛盾不能代替和等于次要矛盾的解决。主要矛盾和次要矛盾既然同处于一个事物中，它们必然是相互联系、相互制约的。主要矛盾在诸矛盾中固然处于主要地位，对其他矛盾起着领导的、决定的作用，但次要矛盾的存在和发展也会以不同的方式、不同的程度影响和制约主要矛盾。因为主要矛盾并不是孤立的，而是和次要矛盾共存于事物发展过程中、互相联系在一起的。正确处理好次要矛盾，也可以为主要矛盾的解决创造条件，处理不好，则会增加解决主要矛盾的困难。而且，主要矛盾和次要矛盾的界限也不是绝对的、凝固不变的，它们可以在一定条件下互相转化。所以，不分主次轻重，"眉毛胡子一把抓"的做法是错误的，只抓主要矛盾，忽视非主要矛盾的"单打一"做法也是错误的。因为这两种做法都违背了主要矛盾和次要矛盾的辩证关系，不符合事物发展的客观规律。因此，必须正确认识主要矛盾在事物发展过程中的作用，还要正确地认识主要矛盾和其他矛盾的相互关系，但是也绝不能忽视次要矛盾的作用。例如，在著名的辽沈战役中，我军集中主力攻打锦州时，虽然不攻打长春，也用了12个师的兵力约16万人继续围困长春；以2个纵队配置在锦州南面塔山一带，阻击锦西、葫芦岛方面的敌军；以11个师的兵力配置在沈阳和锦州之间，对付沈阳援锦之敌。正是这样一种既有重点又不忽视次要矛盾的合理安排，才使我军快速攻克锦州，进而取得了辽沈战役的胜利，解放了东北。

2. 矛盾的主要方面和次要方面

毛泽东指出："无论什么矛盾，矛盾的诸方面，其发展是不平衡的。有时候似乎势均力敌，然而这只是暂时的和相对的情形，基本的形态则是不平衡。矛盾着的两方面中，必有一方面是主要的，他方面是次要的。其主要的方面，即所谓矛盾起主导作用的方面。事物的性质，主要地是由取得支配地位的矛盾的主要方面所规定的。"[1] 在这里，在每一种矛盾中，矛盾双方的地位和作用也是不平衡的，也有主次之分。矛盾的主要方面指在一个矛盾中起主导作用的方面，它决定了一个事物的性质。处于被支配地位、不起主导作用的矛盾方面，叫作矛盾的次要方面。

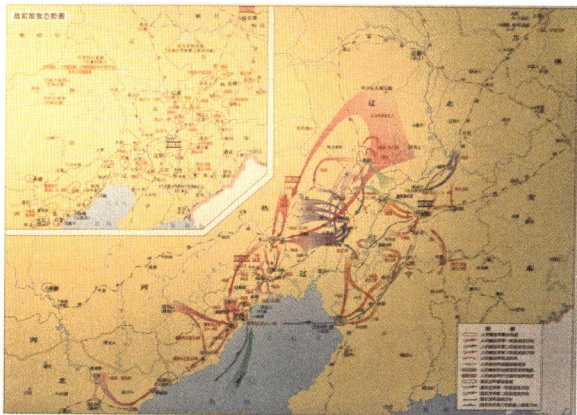

　　事物的性质主要是由取得支配地位的矛盾的主要方面规定的。矛盾的主要方面不同，事物的性质也就不同。矛盾的次要方面对事物的性质也有一定的影响，是事物发展不可缺少的因素，一旦主次方面发生了转化，事物的性质也就改变了。

...

1 《毛泽东选集》第一卷，人民出版社 1991 年版，第 322 页。

图为辽沈战役示意图　海峰 / 供图↑

矛盾的主要方面和次要方面的关系是对立统一的。它们相互排斥，相互依赖，在一定条件下可以相互转化。《矛盾论》指出："矛盾的主要和非主要的方面互相转化着，事物的性质也就随着起变化。在矛盾发展的一定过程或一定阶段上，主要方面属于甲方，非主要方面属于乙方；到了另一发展阶段或另一发展过程时，就互易其位置，这是依靠事物发展中矛盾双方斗争的力量的增减程度来决定的。"[1] 例如，在资本主义社会资产阶级和无产阶级的矛盾中，资产阶级是矛盾的主要方面，无产阶级是矛盾的次要方面，此时的社会性质是资本主义社会。如果无产阶级革命取得成功，夺取了政权，掌握了生产资料，那么，无产阶级就由原来矛盾的次要方面转化为矛盾的主要方面，资产阶级就由原来矛盾的主要方面转化为矛盾的次要方面了，并逐步消亡，此时的社会性质就变成社会主义社会了。又如，从电学方面来说，一根玻璃棒（矛盾）由阻碍电流传导和容易导电两个方面构成。在常温条件下，阻碍电流传导是矛盾的主要方面，容易导电是矛盾的次要方面，此时，这根玻璃棒为绝缘体。但是在温度达到使玻璃棒红炽状态的条件下，容易导电就由原来矛盾的次要方面转化为矛盾的主要方面，阻碍电流传导就由原来矛盾的主要方面转化为矛盾的次要方面了，此时，这根玻璃棒也就由原来的绝缘体变成了导体。

毛泽东还指出了新陈代谢是普遍规律，新陈代谢规律表明了矛盾的主要方面和次要方面相互转化也是普遍的，新陈代谢的过程就是矛盾的主要方面和次要方面转化的过程，是新的方面上升为矛盾的主要方面，旧的方面下降为矛盾的次要方面，并逐步趋向消灭。

• • •

[1] 《毛泽东选集》第一卷，人民出版社1991年版，第322—323页。

《矛盾论》指出："新陈代谢是宇宙间普遍的永远不可抵抗的规律。依事物本身的性质和条件，经过不同的飞跃形式，一事物转化为他事物，就是新陈代谢的过程。任何事物的内部都有其新旧两个方面的矛盾，形成为一系列的曲折的斗争。斗争的结果，新的方面由小变大，上升为支配的东西；旧的方面则由大变小，变成逐步归于灭亡的东西。而一当新的方面对于旧的方面取得支配地位的时候，旧事物的性质就变化为新事物的性质。由此可见，事物的性质主要地是由取得支配地位的矛盾的主要方面所规定的。取得支配地位的矛盾的主要方面起了变化，事物的性质也就随着起变化。"[1]

1956 年底，农业、手工业、资本主义工商业的社会主义改造基本完成，三大改造的完成标志着我国进入了社会主义社会。此时，无产阶级成为矛盾的主要方面。图为 1956 年 1 月，成都市工商业者抬着"迎接社会主义改造高潮"的横牌庆祝游行　海峰／供图↑

...

1　《毛泽东选集》第一卷，人民出版社 1991 年版，第 323 页。

3. 坚持"重点论"和"两点论"的统一

根据主要矛盾和次要矛盾、矛盾的主要方面和次要方面之间的关系，毛泽东得出结论说，矛盾双方是不平衡的，要反对平衡论。平衡论（均衡论），也就是否认重点论，把根本矛盾和非根本矛盾、主要矛盾和非主要矛盾、矛盾的主要方面和非主要方面同等平均看待。总之，平衡论把具体矛盾的统一体看作是绝对的，否认矛盾统一体的转化，它认为平衡、均衡是正常状态，而不平衡、质变、转化是不正常的。对此，毛泽东是反对的："但是在各种矛盾之中，不论是主要的或次要的，矛盾着的两个方面，又是否可以平均看待呢？也是不可以的。无论什么矛盾，矛盾的诸方面，其发展是不平衡的。"[1]

主要矛盾和矛盾的主要方面的理论告诉我们，在实际工作中，必须坚持唯物辩证法的"重点论"和"两点论"的统一。

所谓重点论，就是在认识复杂事物的发展过程中，要着重把握它的主要矛盾；在认识某个矛盾时，要着重把握矛盾的主要方面。做工作要善于抓住重点，毛泽东指出：抓主要矛盾的方法"是马克思研究资本主义社会告诉我们的方法。列宁和斯大林研究帝国主义和资本主义总危机的时候，列宁和斯大林研究苏联经济的时候，也告诉了这种方法。万千的学问家和实行家，不懂得这种方法，结果如堕烟海，找不到中心，也就找不到解决矛盾的方法"[2]。"牵牛要牵牛鼻子"，"好钢要用到刀刃上"，"工作要做到点子上"，防止"眉毛胡子一把抓"。"研究任何过程，如果是存在着两个以上矛盾的复

· · ·

1　《毛泽东选集》第一卷，人民出版社 1991 年版，第 322 页。
2　同上。

杂过程的话，就要用全力找出它的主要矛盾。捉住了这个主要矛盾，一切问题就迎刃而解了。"[1]

抓住了重点，是不是意味着其他矛盾就不管了呢。不是的，还要重视非主要矛盾、矛盾的非主要方面。这就是两点论。所谓两点论，就是在认识复杂事物的发展过程时，既要看到主要矛盾，又要看到次要矛盾；在认识某个矛盾时，既要看到矛盾的主要方面，又要看到矛盾的次要方面。毛泽东曾经在《党委会的工作方法》一文中用了很形象的语言表达两点论："弹钢琴。""弹钢琴要十个指头都动作，不能有的动，有的不动。但是，十个指头同时都按下去，那也不成调子。要产生好的音乐，十个指头的动作要有节奏，要互相配合。党委要抓紧中心工作，又要围绕中心工作而同时开展其他方面的工作。"[2]

两点论和重点论是密切联系，不可分割的。两点是有重点的两点，重点是两点中的重点。离开两点谈重点或离开重点谈两点都是错误的。我们应该在认识和解决问题时要做到两点论和重点论相统一。正如习近平总书记2022年1月11日在省部级主要领导干部学习贯彻党的十九届六中全会精神专题研讨班上的讲话中所强调的："党的百年奋斗历程告诉我们，党和人民事业能不能沿着正确方向前进，取决于我们能否准确认识和把握社会主要矛盾、确定中心任务。什么时候社会主要矛盾和中心任务判断准确，党和人民事业就顺利发展，否则党和人民事业就会遭受挫折。这次全会决议，对党善于抓住社会主要矛盾和中心任务带动全局工作作了全面分

· · ·

1 《毛泽东选集》第一卷，人民出版社1991年版，第322页。
2 《毛泽东选集》第四卷，人民出版社1991年版，第1442页。

析。""注重分析和总结党在百年奋斗历程中对我国社会主要矛盾和中心任务的研究和把握，是贯穿全会决议的一个重要内容，我们一定要深入学习、全面领会。""面对复杂形势、复杂矛盾、繁重任务，没有主次，不加区别，眉毛胡子一把抓，是做不好工作的。""我们要有全局观，对各种矛盾做到了然于胸，同时又要紧紧围绕主要矛盾和中心任务，优先解决主要矛盾和矛盾的主要方面，以此带动其他矛盾的解决，在整体推进中实现重点突破，以重点突破带动经济社会发展水平整体跃升，朝着全面建成社会主义现代化强国的奋斗目标不断前进。"[1]因此，看问题既要全面，又要善于抓住重点和主流。既要反对一点论，也不搞均衡论，正如《矛盾论》所指出的："对于矛盾的各种不平衡情况的研究，对于主要的矛盾和非主要的矛盾、主要的矛盾方面和非主要的矛盾方面的研究，成为革命政党正确地决定其政治上和军事上的战略战术方针的重要方法之一，是一切共产党人都应当注意的。"[2]

五、矛盾诸方面的同一性与斗争性

关于矛盾的同一性，主要是指辩证法的同一性，而不是逻辑上的同一性，或者说是形而上学的同一。恩格斯指出："旧形而上学意义上的同一律是旧世界观的基本定律：a=a，每一事物都与自

· · ·

1 习近平：《更好把握和运用党的百年奋斗历史经验》，《求是》2022 年第 13 期。
2 《毛泽东选集》第一卷，人民出版社 1991 年版，第 326—327 页。

身同一。一切都是永恒的，太阳系、星体、有机体都是如此。"[1] 可见，形而上学的同一性主张绝对地看待事物的同一，否定任何差别和对立，排除事物内部的矛盾，认为事物是无矛盾的绝对同一，以静止的观点看问题，不思考事物的发展与变化。辩证法的同一（矛盾的同一性）指任何事物都包含着肯定和否定的因素，这两者是对立的，也是相互转化的。辩证的同一性与形而上学的同一性之间的差别在于是否承认同一中包含对立、差异、斗争以及事物的对立统一是否将导致矛盾的转化和事物的质变。《矛盾论》中所讲的同一，就是辩证法的同一。毛泽东非常重视同一性和斗争性问题，他指出："在懂得了矛盾的普遍性和特殊性的问题之后，我们必须进而研究矛盾诸方面的同一性和斗争性的问题。"[2]

1. 矛盾同一性的原理

毛泽东根据马克思主义理论的基本思想，并结合中国革命的实际，对矛盾的同一性进行了全面而系统的分析和论证。

关于矛盾的同一性，毛泽东指出："同一性、统一性、一致性、互相渗透、互相贯通、互相依赖（或依存）、互相联结或互相合作，这些不同的名词都是一个意思，说的是如下两种情形：第一、事物发展过程中的每一种矛盾的两个方面，各以和它对立着的方面为自己存在的前提，双方共处于一个统一体中；第二、矛盾着的双方，依据一定的条件，各向着其相反的方面转化。这些就是所谓同一性。"[3]

• • •

1 《马克思恩格斯选集》第3卷，人民出版社2012年版，第915页。

2 《毛泽东选集》第一卷，人民出版社1991年版，第327页。

3 同上。

毛泽东关于同一性的认识，深受列宁的影响。他专门引用了列宁《黑格尔〈逻辑学〉一书摘要》的一段话："辩证法是这样的一种学说：它研究对立怎样能够是同一的，又怎样成为同一的（怎样变成同一的），——在怎样的条件之下它们互相转化，成为同一的，——为什么人的头脑不应当把这些对立看作死的、凝固的东西，而应当看作生动的、有条件的、可变动的、互相转化的东西。"[1]"对立怎样能够是同一的，又怎样成为同一的"，这就是毛泽东要解释的问题，这也是矛盾同一性的两种情形。

　　矛盾同一性的第一种情形：事物发展过程中的每一种矛盾的两个方面，各以和它对立着的方面为自己存在的前提，双方共处于一个统一体中。矛盾双方互为存在条件，一方的存在和发展必须以另一方的存在和发展为条件。《矛盾论》指出："假如没有和它作对的矛盾的一方，它自己这一方就失去了存在的条件。"[2]矛盾的双方相互依赖。例如，生和死、上和下、祸和福、顺利和困难、地主和佃农、资产阶级和无产阶级、帝国主义的民族压迫和殖民地半殖民地等矛盾着的双方互为存在的条件，相互依赖，同生共死。又如，老师和学生，老师负责教学，传授各类知识点，学生负责学习，吸收各类知识点，二者矛盾达成了同一性，就构成了教育工作。还有老板与员工、医生与患者、贫困与富裕、战争与和平等关系，它们都是互为存在，都构成了矛盾同一性。对立怎么能够是同一的，就是说的这种情形。怎么能够同一呢？因为互为存在的条件。这是同一性的第一种意义。

...

1　《毛泽东选集》第一卷，人民出版社 1991 年版，第 327 页。
2　同上书，第 328 页。

矛盾同一性的第二种情形：矛盾着的双方，依据一定的条件，各向着其相反的方面转化。矛盾双方因一定条件，各自向其对立面所处的地位转化。矛盾同一性的第二种情形比第一种更重要。矛盾双方是互相联系、互相贯通的，存在着由此达彼的桥梁，正是这种相互关系构成的事物，就有了转化的可能性。没有发生相互关系的双方，构不成具体的矛盾，也就构不成事物。例如，同化与异化构成矛盾，而不是同化与转化构成矛盾。转化是"向它自己的对立面转化"，既指化合转化为分解、分解转化为化合，胜利转化为失败、失败转化为胜利等这种甲变成乙、乙变成甲的转化，也指事物内部矛盾双方地位的转化。《矛盾论》指出："一切矛盾着的东西，互相联系着，不但在一定条件之下共处于一个统一体中，而且在一定条件之下互相转化，这就是矛盾的同一性的全部意义。列宁所谓'怎样成为同一的（怎样变成同一的），——在怎样的条件之下它们互相转化，成为同一的'，就是这个意思。"[1]

毛泽东还强调，第二种情形，相互转化必须是"在一定条件下"。因此，辩证法所说的同一性是现实的具体同一性，而不是幻想的同一性。这种现实的具体同一性，必须具备一定的必要条件，否则，就没有同一性。"为什么鸡蛋能够转化为鸡子，而石头不能够转化为鸡子呢？为什么战争与和平有同一性，而战争与石头却没有同一性呢？为什么人能生人不能生出其他的东西呢？没有别的，就是因为矛盾的同一性要在一定的必要的条件之下。缺乏一定的必要的条件，就没有任何的同一性。"[2]这里所说的必要条件就是矛盾

· · ·

1《毛泽东选集》第一卷，人民出版社 1991 年版，第 330 页。
2 同上书，第 331 页。

的双方要有贯通性，即相互转化需要具体的同一性。

何谓具体的同一性？《矛盾论》指出："所谓矛盾在一定条件下的同一性，就是说，我们所说的矛盾乃是现实的矛盾，具体的矛盾，而矛盾的互相转化也是现实的、具体的。"[1]现实的矛盾产生了现实的、具体的同一性，是真实存在的、有条件的，而不是虚幻的、超时空的。为了说明，毛泽东指出了虚幻的同一。在中国的神话中有许多变化，如《山海经》中的"夸父追日"、《淮南子》中的"羿射九日"、《西游记》中的孙悟空七十二变等，这些变化并不是真实的，而是人们幼稚的、想象的、主观幻想的变化，不是具体的矛盾表现出来的具体的变化。因此，在具体的工作中，一定要警惕这种脱离实际的主观臆想，而要以当时的具体的条件为依据。

2. 矛盾斗争性的原理

在唯物辩证法中，矛盾斗争性主要是指矛盾着的双方的相互对立、相互排斥和相互区别的属性，体现了对立双方相互分离、相互排斥、相互否定的倾向和趋势。简单地讲，矛盾的斗争性，就是矛盾的对立性。矛盾的斗争性是一个广泛的哲学范畴，它具有多种多样的表现形式，可以用许多不同的术语加以表达，如互相否定、互相反对、互相限制、互相分化、互相批评、机械运动中的作用与反作用、社会领域内的阶级斗争、人文社会科学里的不同观点的讨论等。

矛盾的斗争性有着最大的概括性、丰富的内容和多种多样的生动形式，这主要表现在三个方面：其一，矛盾双方互相区别、相互差异和限制；其二，矛盾双方互相排斥、互相冲突；其三，矛盾双

······

[1] 《毛泽东选集》第一卷，人民出版社 1991 年版，第 330 页。

方互相战胜或彼此克服。

矛盾斗争在事物发展的过程中表现为：引起矛盾双方力量的变化，促成矛盾双方各向其相反方向发生转化，使旧统一体破裂，新统一体产生。所以，"无论什么事物的运动都采取两种状态，相对地静止的状态和显著地变动的状态。两种状态的运动都是由事物内部包含的两个矛盾着的因素互相斗争所引起的"[1]。因此，可以从这两种状态来考察矛盾的斗争性。

"相对静止的状态"，这个阶段的事物，只是数量上的变化，没有性质上的变化，表现出来的是"岁月静好"的状态，这是一种非对抗的矛盾斗争形式。例如，差异性也是一种斗争性。"显著地变动的状态"，是指矛盾一方总是要力图限制另一方的发展并打破对方对自己的限制，由此引起双方力量的消长，使它们之间力量对比的状况不断发生变化，最终从量变达到质变，这是对抗的矛盾。

因此，矛盾斗争性推动事物的质变。斗争发展到一定阶段，就会突破事物存在的限度，引起事物根本性质的变化，使旧的矛盾统一体分解，新的矛盾统一体产生，于是一事物转化为他事物。

这里还需要注意，不能把矛盾的斗争性同矛盾斗争的具体形式混为一谈，尤其是这里所指的"斗争"是哲学范畴，而不局限于政治领域中敌对势力之间的斗争。政治斗争，只是在政治矛盾尖锐之后的表现形式，属于矛盾斗争性的对抗性情形之一，并不能代表矛盾斗争性所有内涵。

总之，矛盾双方的相互排斥、相互对立、相互否定就是斗争性。矛盾斗争性贯穿矛盾发展过程的始终，但矛盾斗争的具体情况

• • •

[1] 《毛泽东选集》第一卷，人民出版社 1991 年版，第 332 页。

在不同阶段上存在着差异。也就是说，不要因为矛盾斗争形式的差别性和矛盾斗争在发展过程中的差别性，而抹杀矛盾斗争的存在、抹杀矛盾斗争的普遍性。

3. 矛盾同一性与斗争性的"相反相成"

毛泽东指出了同一性和斗争性是相对和绝对的关系。毛泽东从分析事物运动的两种状态开始，指出同一性与过程的量变状态相联系，相对稳定静止性是有条件的、暂时的，所以是相对的矛盾的；斗争性同过程的变动性相联系，是运动发展，并存在于量变和质变这两种状态中，贯穿于过程的始终，并使这一过程向其他过程转化，无所不在，无时不有，是无条件的，是绝对的。

在事物发展的量变阶段，矛盾双方相互排斥、相互斗争，推动着矛盾双方各自发展和壮大自己，造成矛盾双方力量发展的不平衡，为事物的质变进行量变的积累。在事物发展的质变阶段，矛盾双方相互排斥、相互斗争，是造成矛盾双方力量对比发生根本性质的变化，从而引起矛盾的主要方面和非主要方面的互相转化，旧的矛盾统一体破裂，新的矛盾统一体产生的决定力量。毛泽东指出了同一性和斗争性相结合，是事物发展的源泉和动力。毛泽东指出："有条件的相对的同一性和无条件的绝对的斗争性相结合，构成了一切事物的矛盾运动。"[1]因为只有矛盾双方之间又同一又斗争，才能使事物由一种状态、过程向另一状态、过程转化，才能使旧事物转化为新事物。

毛泽东用"相反相成"这一成语来说明这种联结。"'相反'就是说两个矛盾方面的互相排斥，或互相斗争。'相成'就是说在一

···

[1] 《毛泽东选集》第一卷，人民出版社 1991 年版，第 333 页。

定条件之下两个矛盾方面互相联结起来，获得了同一性。而斗争性即寓于同一性之中，没有斗争性就没有同一性。"[1] "相反"指斗争性，"相成"指同一性。一方面，同一性的存在以斗争性为前提，没有斗争性就没有同一性；另一方面，斗争性的存在也以同一性为前提，斗争性也总是和同一性相联结的。二者是辩证的统一，在对立中把握同一，在同一中把握对立。自然科学表明，非生命世界中的一切运动都是由吸引和排斥的矛盾斗争引起的。推动天体运动和演化的动力，是吸引和排斥既斗争又统一的相互作用；生命运动的发展和进化，则是同化和异化、遗传和变异既斗争又统一的矛盾斗争；社会科学告诉我们，人类社会就是由于生产力和生产关系、经济基础和上层建筑的既斗争又统一才不断发展的。思维的发展也证明，正确认识与错误认识、不甚深刻的认识与深刻的认识、先进思想和落后思想的既斗争又统一，是推动思想前进的动力。

掌握矛盾的同一性和斗争性辩证关系原理，就是从根本上掌握了对立统一规律的基本内容，从根本上坚持了辩证法，反对了形而上学。例如，我们可以从中国共产党和国民党之间的关系说明这个问题。第一次国共合作时期、第二次国共合作时期，都是因为共同的革命目标，国共两党达成了若干共识，携手合作，共同革命。这里因为有共同革命目标（条件），国民党和共产党这两个对立的党进行合作，这就是矛盾同一性；但是这个同一性是有条件的、暂时的，失去了条件就没有同一性，合作关系自然就破裂了，重新走向斗争与对抗。

毛泽东还在《又团结，又斗争》一文中指出："统一里有斗争，

...

1 《毛泽东选集》第一卷，人民出版社 1991 年版，第 333 页。

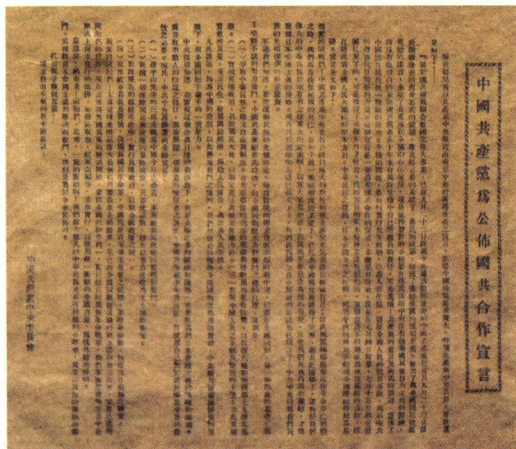

天下万物皆然。如果有人认为只有团结而没有斗争，那他就还没有学通马克思主义。统一与斗争是统一战线的两个基本原则，那末这两者是不是半斤与八两呢？或者说斗争更重于统一呢？回答都是否定的！"[1]

六、对抗在矛盾中的地位

矛盾斗争性主要有两种表现形式：第一种是对抗性的形式，如相互对立、相互排斥、相互否定。第二种是非对抗的形式，如相互区别、相互争论、相互分辨。

在《矛盾论》的第六部分，毛泽东阐述了矛盾斗争性的一种表现形式：对抗。"在矛盾的斗争性的问题中，包含着对抗是什么的问题。我们回答道：对抗是矛盾斗争的一

1937 年 9 月 22 日，国民党中央通讯社发表《中共中央为公布国共合作宣言》。第二天，蒋介石发表谈话，指出团结御侮的必要，实际上承认了中国共产党的合法地位。以《中共中央为公布国共合作宣言》和蒋介石谈话的发表为标志，国共两党第二次合作正式形成。图为国民党中央通讯社发表的《中共中央为公布国共合作宣言》 海峰 / 供图↑

· · ·

1　毛泽东：《又团结，又斗争》（一九三九年二月五日），《党的文献》1995 年第 4 期。

种形式，而不是矛盾斗争的一切形式。"[1] 毛泽东指出，对抗指矛盾斗争发展到最后采取外部冲突的形式，也就是激烈冲突的矛盾斗争形式，如火山爆发、地震、爆炸等。在阶级社会中，只有对立着的两大阶级的斗争发展到一定阶段才采取对抗形式，转化为革命。但对抗只是矛盾斗争的一种特殊形式，而不是全部。

认识矛盾的对抗形式，极为重要。对抗形式告诉我们，在阶级社会中，对抗是解决矛盾斗争的最后形式，所以社会革命和战争是不可避免的，暴力革命是阶级社会的普遍规律。《矛盾论》指出："在阶级社会中，革命和革命战争是不可避免的，舍此不能完成社会发展的飞跃，不能推翻反动的统治阶级，而使人民获得政权。共产党人必须揭露反动派所谓社会革命是不必要的和不可能的等等欺骗的宣传，坚持马克思列宁主义的社会革命论，使人民懂得，这不但是完全必要的，而且是完全可能的，整个人类的历史和苏联的胜利，都证明了这个科学的真理。"[2]

《矛盾论》指出："但是我们必须具体地研究各种矛盾斗争的情况，不应当将上面所说的公式不适当地套在一切事物的身上。矛盾和斗争是普遍的、绝对的，但是解决矛盾的方法，即斗争的形式，则因矛盾的性质不同而不相同。有些矛盾具有公开的对抗性，有些矛盾则不是这样。根据事物的具体发展，有些矛盾是由原来还非对抗性的，而发展成为对抗性的；也有些矛盾则由原来是对抗性的，而发展成为非对抗性的。"[3] 从这段话中，我们可以把握两层意思。第一层，

• • •

1 《毛泽东选集》第一卷，人民出版社 1991 年版，第 334 页。
2 同上。
3 同上书，第 334—335 页。

所谓对抗性矛盾是指自然界和社会领域中具有对抗性质的矛盾，解决这类矛盾的方法是外部斗争的形式。所谓非对抗性矛盾是指自然界和社会领域中不具有对抗性质的矛盾，解决这类矛盾应该采取非外部斗争的形式。例如，医生和患者的矛盾、学校和家长的矛盾等都是非对抗性质的矛盾，它们之间不存在对抗性质。解决这些矛盾，就不能采取对抗的斗争形式，而应当采取非对抗的形式，即温和与常态的方式就能解决。第二层，对抗性矛盾和非对抗性矛盾可以相互转化。随着发展和条件的改变，对抗性矛盾和非对抗性矛盾是可相互转化的，解决矛盾斗争的形式也应随之转化。

《矛盾论》指出："目前我们党内的正确思想和错误思想的矛盾，没有表现为对抗的形式，如果犯错误的同志能够改正自己的错误，那就不会发展为对抗性的东西。因此，党一方面必须对于错误思想进行严肃的斗争，另方面又必须充分地给犯错误的同志留有自己觉悟的机会。在这样的情况下，过火的斗争，显然是不适当的。但如果犯错误的人坚持错误，并扩大下去，这种矛盾也就存

1925年12月，毛泽东在《中国社会各阶级的分析》中，以马克思主义的阶级分析方法，分析了中国社会各阶级，辨明了中国革命的敌人和朋友，从而集中了当时党内的正确主张，初步提出关于中国新民主主义革命的基本思想。图为首次刊载《中国社会各阶级的分析》的《革命》第4期目录页　海峰 / 供图↑

在着发展为对抗性的东西的可能性。"[1] 这段话表明了毛泽东的良苦用心。他告诫我们，面对党内的错误思想，既要进行严肃的斗争，防止错误扩大化，给革命造成更大的损失，也要给犯错误的同志改过自新的机会。既要惩前毖后，也要治病救人。我们要重视对抗在矛盾斗争中的作用，但又不能处处搞对抗。要始终牢记"对抗只是矛盾斗争的一种形式，而不是它的一切形式，不能到处套用这个公式"[2]。因此，区分清楚矛盾是否具有对抗性，具有重要意义，这也是 1925 年 12 月 1 日他在《中国社会各阶级的分析》一文中提出的"谁是我们的敌人？谁是我们的朋友？这个问题是革命的首要问题"[3]。1957 年 6 月，毛泽东在《关于正确处理人民内部矛盾的问题》一文中又再次重申了正确区分敌我矛盾和人民内部矛盾，也是对"对抗性矛盾和非对抗性矛盾思想"的深化。

七、思维的根本法则

《矛盾论》的最后一部分，也就是结论，共 500 多字，可谓字字珠玑，对全文进行了高度概括和总结。

毛泽东在最后一段开篇就指出："事物矛盾的法则，即对立统一的法则，是自然和社会的根本法则，因而也是思维的根本法则。它是和形而上学的宇宙观相反的。它对于人类的认识史是一个大革

· · ·

1 《毛泽东选集》第一卷，人民出版社 1991 年版，第 335 页。
2 同上书，第 336 页。
3 同上书，第 3 页。

命。"[1] 毛泽东充分继承了马克思主义创始人的基本理论，而且更为重要的是，他将事物矛盾的法则，即对立统一的法则，作为思维的根本法则，并认为这是人类的认识史的大革命。他充分肯定了辩证思维的重要性。习近平总书记也继承了毛泽东这一思想。2015 年 1月 23 日，习近平总书记在十八届中共中央政治局第二十次集体学习时指出："必须不断接受马克思主义哲学智慧的滋养，更加自觉地坚持和运用辩证唯物主义世界观和方法论，增强辩证思维、战略思维能力，努力提高解决我国改革发展基本问题的本领。"[2]

毛泽东将整个《矛盾论》概括为："按照辩证唯物论的观点看来，矛盾存在于一切客观事物和主观思维的过程中，矛盾贯串于一切过程的始终，这是矛盾的普遍性和绝对性。矛盾着的事物及其每一个侧面各有其特点，这是矛盾的特殊性和相对性。矛盾着的事物依一定的条件有同一性，因此能够共居于一个统一体中，又能够互相转化到相反的方面去，这又是矛盾的特殊性和相对性。然而矛盾的斗争则是不断的，不管在它们共居的时候，或者在它们互相转化的时候，都有斗争的存在，尤其是在它们互相转化的时候，斗争的表现更为显著，这又是矛盾的普遍性和绝对性。"[3]

他还强调，要将辩证思维与具体的工作相结合，"当着我们研究矛盾的特殊性和相对性的时候，要注意矛盾和矛盾方面的主要的和非主要的区别；当着我们研究矛盾的普遍性和斗争性的时候，要注意矛盾的各种不同的斗争形式的区别。否则就要犯错误。如果我

• • •

[1] 《毛泽东选集》第一卷，人民出版社 1991 年版，第 336 页。
[2] 《坚持运用辩证唯物主义世界观方法论　提高解决我国改革发展基本问题本领》，《人民日报》2015 年 1 月 25 日。
[3] 《毛泽东选集》第一卷，人民出版社 1991 年版，第 336 页。

们经过研究真正懂得了上述这些要点，我们就能够击破违反马克思列宁主义基本原则的不利于我们的革命事业的那些教条主义的思想；也能够使有经验的同志们整理自己的经验，使之带上原则性，而避免重复经验主义的错误"[1]。这里，他将辩证思维与方法论进行了结合，强调要坚持两点论与重点论的结合统一，避免片面性。这是教条主义者的问题，这也是我们之前革命犯错误的原因所在。

可以说，毛泽东之所以重视对立统一规律：一是由中国革命所要解决的矛盾的复杂性决定的；二是批判党内教条主义的需要。他们只知生吞活剥马克思主义书本上的只言片语，根本否认中国社会矛盾的特殊性。

普遍性与特殊性、共性和个性、绝对和相对的道理，就是关于事物矛盾问题的精髓，不懂得精髓就等于抛弃了辩证法。关于矛盾精髓问题的提出，这也奠定了马克思主义普遍真理同中国革命具体实践相结合的哲学基础。

· · ·

1 《毛泽东选集》第一卷，人民出版社 1991 年版，第 336—337 页。

第四章

"两论"——中国共产党人的看家本领

今天，虽然与"两论"写作的年代大不相同，但是"两论"作为马克思主义中国化的经典著作，其所蕴含的哲学要义、哲学智慧、哲学方法穿越时空的棱镜，依然熠熠生辉。

苏联著名哲学家尤金曾说："中国共产党不是教条式地、而是创造性地领会了马克思列宁主义，成功地把马克思主义理论应用于中国这样的国家，因而大大地丰富了马克思主义的理论。"[1] 习近平总书记在党的二十大报告中强调："马克思主义是我们立党立国、兴党兴国的根本指导思想。实践告诉我们，中国共产党为什么能，中国特色社会主义为什么好，归根到底是马克思主义行，是中国化时代化的马克思主义行。拥有马克思主义科学理论指导是我们党坚定信仰信念、把握历史主动的根本所在。"[2]

《中共中央关于党的百年奋斗重大成就和历史经验的决议》指出："毛泽东思想是马克思列宁主义在中国的创造性运用和发展，是被实践证明了的关于中国革命和建设的正确的理论原则和经验总结，是马克思主义中国化的第一次历史性飞跃。"毛泽东于革命圣地延安写成的两篇光辉著作"两论"，从唯物辩证法的实践和矛盾两大范畴入手，讨论人们是如何在实践中获得真理，矛盾是如何在事物的发展、变化中起作用的。他从哲学上对自建党以来的经验和教训、两次国内革命战争特别是第五次反"围剿"的失败进行了总结，回答了正确

...

1　许全兴、陈葆华、冯国瑞编：《国外毛泽东思想研究文选》，中共中央党校出版社 1987 年版，第 10—20 页。
2　习近平：《高举中国特色社会主义伟大旗帜　为全面建设社会主义现代化国家而团结奋斗——在中国共产党第二十次全国代表大会上的报告》，人民出版社 2022 年版，第 16 页。

的认识是怎么产生的，中国革命的道路为什么与俄国革命不同等问题。可以说，"两论"从马克思主义哲学的高度，总结和概括了中国革命的经验和教训，论述自成体系，独具一格，创造了马克思主义哲学的一种新的表达形式，不仅构成了毛泽东哲学思想的核心，还开启了马克思主义中国化的理论形态，创立了现代中国革命的哲学逻辑。

　　今天，虽然与"两论"写作的年代大不相同，但是"两论"作为马克思主义中国化的经典著作，其所蕴含的哲学要义、哲学智慧、哲学方法穿越时空的棱镜，依然熠熠生辉。

一、空谈误国、实干兴邦

　　阅读"两论"可以感受到老一辈领导人务实、质朴的作风。务实就是讲究实际、实事求是。中国传统文化中处处体现着注重现实、崇尚实干的精神气质。王符的《潜夫论》说："大人不华，君子务实。"中国共产党自创立之初就注重实践，强调务实。对以王明为代表的教条主义的批判，反映了我们党从实际出发的工作作风。1930 年 5 月，毛泽东在《反对本本主义》一文中强调："共产党的正确而不动摇的斗争策略，决不是少数人坐在房子里能够产生的，它是要在群众的斗争过程中才能产生的，这就是说要在实际经验中才能产生。因此，我们需要时时了解社会情况，时时进行实际调查。"[1] 毛泽东大力倡导"实事求是，力戒空谈"。1992 年，邓小平南方谈话的立足点是空谈误国、实干兴邦，他反复强调，世界上的事情都是干出来的。不干，半点马克思主义也没有。江泽民要求各项工作要落实、落实、再落实。胡锦涛反复强调"求真务实，真抓实干"。

自党的十八大以来，习近平总书记在多个场合强调"空谈误国，实干兴邦"。2012 年 12 月，在广东考察时，习近平总书记又一次强调："全面建成小康社会要靠实干，基本实现现代化要靠实干，实现中华民族伟大复兴要靠实干。"[2] 2018 年 2 月 14 日，习近平总书记在春节团拜会上指出："改革开放 40 年来，我们以敢闯敢干的勇气和自我革新的担当，闯出了一条新路、好路，实现了从'赶上时代'到'引领时代'的伟大跨越。"[3] 同年 5 月 2 日，习近平总书记在北京大学师生座谈会上指出："'纸上得来终觉浅，绝知此事

1　《毛泽东选集》第一卷，人民出版社 1991 年版，第 115 页。
2　中共中央文献研究室编：《习近平关于实现中华民族伟大复兴的中国梦论述摘编》，中央文献出版社 2013 年版，第 78 页。
3　习近平：《在 2018 年春节团拜会上的讲话》，《人民日报》2018 年 2 月 15 日。

要躬行。'学到的东西，不能停留在书本上，不能只装在脑袋里，而应该落实到行动上，做到知行合一、以知促行、以行求知，正所谓'知者行之始，行者知之成'。每一项事业，不论大小，都是靠脚踏实地、一点一滴干出来的。'道虽迩，不行不至；事虽小，不为不成。'这是永恒的道理。"[1]

回望党的百年历史，注重实际、实事求是是一条我们党用鲜血和生命换来的、贯穿党的全部理论和实践的红线、生命线。正是一代又一代中国共产党人的实干，让我们比历史上任何时期更加接近中华民族伟大复兴的目标；也正是靠着实干，让我们比历史上任何时期都有信心去努力实现这一目标。

空谈误国，实干兴邦，只有实干，才能在新征程上继续取得辉煌成就。图为深圳前海自贸区　中新图片 / 阙永福↑

1　习近平：《在北京大学师生座谈会上的讲话》，《人民日报》2018 年 5 月 3 日。

强调实干既是新时代的精神气质，也是中国共产党人一以贯之的优良传统。邓小平就是一个实干家，他多次提到"实干""实践"等，也正是这样一种务实的作风和精神推动了中国进一步的改革开放，推进了中国跨越式发展。贫穷不是社会主义。社会主义是干出来的。从"靠实事求是吃饭"到做"实事求是派"，务实作风助力我们党一再创造历史的辉煌。今天，我们处在改革深水区、发展攻坚期，执政者更加需要发扬务实作风，激发实干力量。

强调实干精神还体现在对当前经济社会发展过程中面临的问题勇于正视，既敢于直指弊端、揭示问题，又敢于在群众的监督下、推动下解决问题，真抓实干。当今世界正经历百年未有之大变局，新冠疫情全球大流行使这个大变局加速演进，经济全球化遭遇逆流，保护主义、单边主义上升，世界经济低迷，国际贸易和投资大幅萎缩，国际经济、科技、文化、安全、政治等格局都在发生深刻调整，世界进入动荡变革期。我国正处于实现中华民族伟大复兴的关键时期，正在经历人类历史上最为宏大而独特的实践创新，经济已由高速增长阶段转向高质量发展阶段。经济长期向好，市场空间广阔，发展韧性强大，正在形成以国内大循环为主体、国内国际双循环相互促进的新发展格局。我国经济正处在转变发展方式、优化经济结构、转换增长动力的攻关期。从党的建设角度看，党在长期执政条件下面临"四大考验"和"四种危险"，即执政考验、改革开放考验、市场经济考验、外部环境考验和精神懈怠危险、能力不足危险、脱离群众危险、消极腐败危险。当代中国改革发展稳定任务之重、矛盾风险挑战之多、治国理政考验之大都前所未有。

面对这些问题，我们党坚定不移地持续推进改革开放，更加注重改革的系统性、整体性、协同性。尤其是党的十八大以来，以习近平同志为核心的党中央以伟大的历史主动精神、巨大的政治勇气、强烈的责任担当，统筹国内国际两个大局，贯彻党的基本理论、基本路线、基本方略，统揽伟大斗争、伟大工程、伟大事业、伟大梦想，坚持稳中求进工作总基调，出台一系列重大方针政策，推出一系列重大举措，推进一系列重大工作，战胜一系列重大风险挑战，解决了许多长期想解决而没有解决的难题，办成了许多过去想办而没有办成的大事，推动党和国家事业取得历史性成就、发生历史性变革。

正如《中共中央关于党的百年奋斗重大成就和历史经验的决议》指出的："党的十八大以来，以习近平同志为核心的党中央领导全党全军全国各族人民砥砺前行，全面建成小康社会目标如期实现，党和国家事业取得历史性成就、发生历史性变革，彰显了中国特色社会主义的强大生机活力，党心军心民心空前凝聚振奋，为实现中华民族伟大复兴提供了更为完善的制度保证、更为坚实的物质基础、更为主动的精神力量。中国共产党和中国人民以英勇顽强的奋斗向世界庄严宣告，中华民族迎来了从站起来、富起来到强起来的伟大飞跃。"

二、要勇于开拓创新

在《实践论》中，毛泽东在继承马克思《关于费尔巴哈的提纲》、恩格斯《反杜林论》以及列宁《唯物主义和经验批判主义》中的实践观点的基础上，系统阐释了实践对认识的决定作用和认识对实践的依赖关系，提出了"实践第一"的观点，这对于中国革命和中国社会主义现代化建设具有重要的理论意义和当代价值。

在《实践论》中，毛泽东提出，把握了马克思主义的实践的观点，但这决不是简单地重复认识论的一般原理，而是根据马克思列宁主义的普遍真理同中国革命的具体实践相结合的需要，抓住了以往旧哲学的问题和弱点，突出了马克思主义哲学的实践性，阐明了认识与实践的具体的历史的统一，提出了以科学的社会实践为特征的马克思主义的认识论。1963 年 5 月，毛泽东明确要求："为了做好我们的工作，各级党委应当大大提倡学习马克思主义的认识论，使之群众化，为广大干部和人民群众所掌握，让哲学从哲学家的课堂上和书本里解放出来，变为群众手里的尖锐武器。"[1] 这不仅与唯心主义的认识论相对立，同时与机械唯物主义的反映论也相区别，从而彻底地与旧哲学划清了界限。毛泽东在《实践论》中对马克思主义的实践观进行深入分析和梳理，"判定认识或理论之是否真理，不是依主观上觉得如何而定，而是依客观上社会实践的结果如何而定。真理的标准只能是社会的实践。实践的观点是辩证唯物论的认识论之第一的和基本的观点"[2]。他曾经在《反对本本主义》一文中大声疾呼："那些具有一成不变的保守的形式的空洞乐观的头脑的同志们，以为现在的斗争策略已经是再好没有了，党的第六次全国代表大会的'本本'保障了永久的胜利，只要遵守既定办法就无往而不胜利。这些想法是完全错误的，完全不是共产党人从斗争中创造新局面的思想路线，完全是一种保守路线。这种保守路线如不根本丢掉，将会给革命造成很大损失，也会害了这些同志自己。红军

• • •

1 《毛泽东文集》第八卷，人民出版社 1999 年版，第 323 页。
2 《毛泽东选集》第一卷，人民出版社 1991 年版，第 284 页。

中显然有一部分同志是安于现状，不求甚解，空洞乐观，提倡所谓'无产阶级就是这样'的错误思想，饱食终日，坐在机关里面打瞌睡，从不肯伸只脚到社会群众中去调查调查。对人讲话一向是那几句老生常谈，使人厌听。我们要大声疾呼，唤醒这些同志：速速改变保守思想！换取共产党人的进步的斗争思想！到斗争中去！到群众中作实际调查去！"[1]这强调了实践具有的强烈目的性和鲜明功效性，他要求，从实际出发，根据变化了的现实情况，充分发挥主观能动性，开拓创新。

党的十一届三中全会以来，邓小平正是在继承毛泽东《实践论》的基础上，提出了"实践是检验真理的唯一标准"，提出了"解放思想、实事求是"的思想路线。他果断结束"以阶级斗争为纲"，实现党和国家工作中心战略转移，开启了改革开放和社会主义现代化建设新时期。"一个党，一个国家，一个民族，如果一切从本本出发，思想僵化，迷信盛行，那它就不能前进，它的生机就停止了，就要亡党亡国。"[2]1978 年 12 月 13 日邓小平在中央工作会议闭幕会上讲的这段话充分地说明了实践的意义。

邓小平继续探索中国建设社会主义的正确道路，解放和发展社会生产力，使人民摆脱贫困、尽快富裕起来。正因为如此，他坚决否定"两个凡是"、重申生产力标准，提出了要"大胆试验""不搞争论""走一步，看一步"等观点，这都是尊重"实践第一"得出的正确结论。他坚持对社会主义再认识，引领广大人民大胆进行改革。改革是社会实践基本形式的一种，它主要的目的是巩固有利

• • •

1 《毛泽东选集》第一卷，人民出版社 1991 年版，第 115—116 页。
2 《邓小平文选》第二卷，人民出版社 1994 年版，第 143 页。

于生产力发展的社会关系，调整不利于生产力发展的社会关系，变革阻碍生产力发展的因素。正如他在 1992 年南方谈话中所讲的："我们改革开放的成功，不是靠本本，而是靠实践，靠实事求是。"[1]

在此基础上，"三个代表"重要思想、科学发展观和习近平新时代中国特色社会主义思想的提出也是坚持从中国实际出发而进行的理论创新，是对马克思主义实践论的深化，是将改革继续推进的理论创新。以江泽民同志为主要代表的中国共产党人继续发扬"实践第一"的原则，提出了"创新"的思想，将其视为民族进步的灵魂，并提出"全党同志首先是各级领导干部必须始终坚持马克思主义历史的、实践的、发展的观点，坚

1978 年 5 月 10 日，中共中央党校《理论动态》发表《实践是检验真理的唯一标准》一文。5 月 11 日，《光明日报》以特约评论员名义公开发表此文。此后，关于真理标准问题的大讨论在全国展开。图为《理论动态》和《光明日报》刊登的《实践是检验真理的唯一标准》一文 海峰 / 供图↑

· · ·

1 《邓小平文选》第三卷，人民出版社 1993 年版，第 382 页。

持实践是检验真理的唯一标准，发挥历史的主动性和革命的创造性，不断研究和解决新问题"[1]。以胡锦涛同志为主要代表的中国共产党人，继续以实践标准为指导，大力深化改革并取得了重大进展。农村综合改革、集体林权制度改革、国有企业改革等持续推进，中国经济快速发展，取得举世瞩目的成绩。党的十八大以来，以习近平同志为主要代表的中国共产党人，从党的十八届三中全会部署推进全面深化改革，到党的十八届四中全会部署推进全面依法治国；从党的十九大提出坚决打好防范化解重大风险、精准脱贫、污染防治的攻坚战，到党的十九届四中全会部署推进国家治理体系和治理能力现代化……带领人民构筑中国梦，走在中华民族伟大复兴之路上。

在《实践论》中，毛泽东提出认识的过程是一个认识—实践—再认识—再实践的辩证过程。列宁曾经指出："从生动的直观到抽象的思维，并从抽象的思维到实践，这就是认识真理、认识客观实在的辩证途径。"[2]毛泽东在吸收列宁观点的同时提出了认识的两次飞跃："认识的能动作用，不但表现于从感性的认识到理性的认识之能动的飞跃，更重要的还须表现于从理性的认识到革命的实践这一飞跃。"[3]可见，认识论中的两次飞跃，毛泽东更看重第二次飞跃。因此，对改革的认识并不是一蹴而就、一帆风顺的。在 1989 年前后，社会上出现了姓"社"姓"资"之争。一些人认为，大力发展私营经济和个体经济就会冲击社会主义经济。还有人认为，大力推

• • •

1　江泽民:《论"三个代表"》，中央文献出版社 2001 年版，第 74 页。
2　《列宁全集》第 55 卷，人民出版社 1990 年版，第 142 页。
3　《毛泽东选集》第一卷，人民出版社 1991 年版，第 292 页。

进改革开放，就会将社会主义制度和平演变为资本主义制度，甚至对乡镇企业、特区、出国留学等问题产生了质疑。这些观点其实是对改革开放的否定，也充分说明了认识过程的曲折性和对改革开放的认识过程的曲折性。面对认识上的僵化和错误，邓小平多次在谈话中告诫，要坚持改革开放不动摇。1992 年，邓小平视察南方，并发表了重要讲话，尤其是针对"左"的势力抬头，改革开放声音微弱的情况，提出"不坚持社会主义，不改革开放，不发展经济，不改善人民生活，只能是死路一条"。邓小平南方谈话成为当代中国思想解放的又一个里程碑，它要求我们要进一步解放思想，突破任何一种僵滞的思维方式的束缚。同时，要用改革的实践来检验改革的理论。我们在进行社会主义经济建设和改革开放事业中，必须用改革的实践来检验改革的思想、理论、计划、方案的正确性与否，而不是从主观上或者从思维上，简单地否定改革。正如邓小平所指出的："我们讲解放思想，是指在马克思主义指导下打破习惯势力和主观偏见的束缚，研究新情况，解决新问题。"[1] "改革开放胆子要大一些，敢于试验，不能像小脚女人一样。看准了的，就大胆地试，大胆地闯……没有一点闯的精神，没有一点'冒'的精神，没有一股气呀，劲呀，就走不出一条好路，走不出一条新路，就干不出新的事业。"[2] 的确，改革开放 40 多年，我们取得了骄人的成绩，但是今天依然存在着产业结构不合理、农业基础薄弱、城乡区域发展差距较大、教育资源分配不公等问题，但不能因此简单地将这些问题归因于改革，并否定改革。改革是对生产关系的调整，这

* * *

1 《邓小平文选》第二卷，人民出版社 1994 年版，第 279 页。
2 《邓小平文选》第三卷，人民出版社 1993 年版，第 372 页。

在党中央的坚强领导下，深圳特区大胆探索，敢闯敢试、敢为人先、埋头苦干，才有了深圳特区从一个小渔村到国际化大都市的沧桑巨变。图为深圳市人民政府门前广场的拓荒牛雕塑↑

种调整是逐步的、有规律的，不可能一步到位。因为认识事物需要一个长期的过程，是经过感性阶段、理性认识阶段和实践阶段三个过程实现的。实践是认识的基础，正确的认识促进实践的发展，错误的认识阻碍实践的发展。我们必须认识到改革开放的长期性和艰难性，实践已经向我们证明改革开放的正确性。因此，今天和今后的改革中遇到的问题，只能通过实践的探索逐步解决，并通过实践取得正确的认识，最终完成改革的总任务。不能因存在的问题否定改革，否定我们取得的成绩。相反，实践和历史已向我们证明：改革开放是党和人民大踏步赶上时代的重要法宝，是坚持和发展中国特色社会主义的必由之路，是决定当代中国命运的关键一招，也是决定实现中华民族伟大复兴的关键一招。

三、最重要的是走自己的路

毛泽东在《矛盾论》中对马克思主义辩证法中的矛盾问题进行了系统阐发，创造性地提出：矛盾问题的精髓，即矛盾的普遍性与特殊性、共性和个性、绝对性与相对性的关系。"这一共性个性、绝对相对的道理，是关于事物矛盾的问题的精髓，不懂得它，就等于抛弃了辩证法。"[1] 将矛盾的普遍性与特殊性相统一，从具体问题出发的方法论，是毛泽东将其马克思主义哲学的思考与中国革命的时代问题相结合的产物，它引领中国革命取得了胜利。同样，这也是今天我们坚持独立自主走中国特色社会主义道路的哲学基础。独立自主是中华民族精神之魂，是我们立党立国的重要原则。走自己的路，是党百年奋斗得出的历史结论。

关于矛盾的普遍性与特殊性，毛泽东更看重特殊性。这也是他为什么在分析问题时始终以中国社会为本，扎根于中国现代社会的矛盾体系中的根本所在。"运用共产党人的基本原则（苏维埃政权和无产阶级专政）时，把这些原则在某些细节上正确地加以改变，使之正确地适应于民族的和民族国家的差别，针对这些差别正确地加以运用。"[2] 毛泽东曾严厉地批判教条主义者，认为他们是懒汉。

...

1 《毛泽东选集》第一卷，人民出版社 1991 年版，第 320 页。
2 《列宁选集》第 4 卷，人民出版社 2012 年版，第 200 页。

因为他们只满足于矛盾的普遍性，而忽视矛盾的特殊性，仅知道背诵马克思主义的原理和公式，而不愿意从中国实际出发，深入地考察中国的现实问题，研究中国革命的规律，从真正意义上解决中国的矛盾。教条主义的懒汉们忽视矛盾的特殊性，险些断送了中国革命。这也是毛泽东在《矛盾论》中花费大量的篇幅论述矛盾的特殊性问题的原因。这是他对中国革命的正确思考，是中国共产党人反对、消除"左"倾教条主义的有力工具。1956年，他在《对中共八大政治报告稿的批语和修改》中指出："所谓特殊的规律，就是各国的差别点……不可能设想，社会主义制度在各国的具体发展和表现形式，只能有一个千篇一律的格式。我国是一个东方国家，又是一个大国。因此，我国不但在民主革命过程中有自己的许多特点，在社会主义改造和社会主义建设的过程中也带有自己的许多特点。"[1]

另一方面，在强调特殊性时，他还指出，我们向别国的学习应该落在本国的实际需要上。1956年8月24日，毛泽东在同音乐工作者的谈话中指出："我们接受外国的长处，会使我们自己的东西有一个跃进。中国的和外国的要有机地结合，而不是套用外国的东西。学外国织帽子的方法，要织中国的帽子。外国有用的东西，都要学到，用来改进和发扬中国的东西，创造中国独特的新东西。搬要搬一些，但要以自己的东西为主……学外国不等于一切照搬。向古人学习是为了现在的活人，向外国人学习是为了今天的中国人。中国的和外国的，两边都要学好。半瓶醋是不行的，要使两个半瓶醋变成两个一瓶醋。这不是什么'中学为体，西学为用'。'学'是
···

---

1 《建国以来毛泽东文稿》第9册，中央文献出版社1996年版，第143页。

指基本理论，这是中外一致的，不应该分中西。非驴非马也可以。骡子就是非驴非马。驴马结合是会改变形象的，不会完全不变。中国的面貌，无论是政治、经济、文化，都不应该是旧的，都应该改变，但中国的特点要保存。应该是在中国的基础上面，吸取外国的东西。应该交配起来，有机地结合。西洋的东西也是要变的。西洋的东西也不是什么都好，我们要拿它好的。我们应该在中国自己的基础上，批判地吸收西洋有用的成分。吸收外国的东西，要把它改变，变成中国的。"[1] 我们向别人学，绝不是照抄照搬。

可以说，党历来坚持独立自主开拓前进道路，坚持把国家和民族发展放在自己力量的基点上，坚持中国的事情必须由中国人民自己作主张、自己来处理。革命年代如此，建设、改革时期亦如此。

矛盾普遍性与特殊性相统一的哲学逻辑经由邓小平运用和发展，提出了一个伟大的命题和论断："走自己的道路，建设有中国特色的社会主义。"1979年3月，邓小平在党的理论工作务虚会上指出："中国式的现代化，必须从中国的特点出发。""过去搞民主革命，要适合中国情况，走毛泽东同志开辟的农村包围城市的道路。现在搞建设，也要适合中国情况，走出一条中国式的现代化道路。"[2] 建设中国特色社会主义是一项伟大的创造性工程。我们要完成这一历史使命，不仅要研究社会主义建设的普遍规律，而且要着重研究我国社会主义现代化建设的特殊规律和具体道路。

自1978年党的十一届三中全会起，40多年的发展，中国摆脱了苏联模式，坚持以经济建设为中心，提出了社会主义初级阶段

- - -

1 《毛泽东文集》第七卷，人民出版社1999年版，第82—83页。
2 《邓小平文选》第二卷，人民出版社1994年版，第164、163页。

理论，制定了改革开放的总方针，建立了社会主义市场经济体制，走出了一条中国特色社会主义道路。这正是对矛盾普遍性和特殊性关系的实践运用。经过 40 多年的发展，面对日益复杂的国内国际形势，中国共产党把握了时代中矛盾的特点，取得了政治、经济、文化等的巨大成功，并向世人证明了走中国特色社会主义道路的正确性，这是矛盾的特殊性。党在百年奋斗中始终坚持从我国国情出发，探索并形成符合中国实际的正确道路。中国特色社会主义道路是创造人民美好生活、实现中华民族伟大复兴的康庄大道。脚踏中华大地，传承中华文明，走符合中国国情的正确道

习近平总书记在党的二十大报告中指出，坚持独立自主、自力更生，坚持道不变、志不改，既不走封闭僵化的老路，也不走改旗易帜的邪路，坚持把国家和民族发展放在自己力量的基点上，坚持把中国发展进步的命运牢牢掌握在自己手中。图为党的二十大会场　中新图片 / 盛佳鹏↑

路，党和人民就具有无比广阔的舞台，具有无比深厚的历史底蕴，具有无比强大的前进定力。

矛盾的观点告诉我们，党领导人民成功走出中国式现代化道路是根据中国国情的正确之路，创造了人类文明新形态，同时拓展了发展中国家走向现代化的途径，给世界上那些既希望加快发展又希望保持自身独立性的国家和民族提供了全新选择。但是近些年，一些国际媒体针对中国所取得的成绩用如"惊叹""中国 2025 年超越美国""中美两极正在成为客观现实"等来形容。还有一些报道则尽是诋毁之意，如"中国威胁论""中国称霸世界"等。当然，诸多评价中不乏客观和中肯，但其中更有一些是夸大其词和别有用心。可以说，中国特色社会主义道路面临着一系列严峻的挑战。因此，还应清醒地对待各种关于中国道路的溢美和批评之词，从本质上解释这条道路的必然性和生命力。又如，由于中国在发展过程中不可避免地出现了一些问题和失误，针对此，社会上出现了一些对中国道路的质疑之声，其实质就是举什么样的旗、走什么样的路的问题。这就需充分认识中国的国情，我们既不走封闭僵化的老路，也不走改旗易帜的邪路，坚定不移走中国特色社会主义道路。这本质上就是坚持《矛盾论》中提出的普遍性与特殊性的统一，具体问题具体分析的方法。

我们之所以走中国特色社会主义道路，而不走封闭僵化的老路和改旗易帜的邪路，它反映了中国社会发展的历史要求，也体现了人类文明进步的趋势和走向。人类历史上没有一个民族、一个国家可以通过依赖外部力量、照搬外国模式、跟在他人后面亦步亦趋实现强大和振兴。那样做的结果，不是必然遭遇失败，就是必然成为他人的附庸。只要我们坚持独立自主、自力更生，既虚心学习借鉴国外的有益经验，又坚定民族自尊心和自信心，不信邪、不怕压，就一定能够把中国发展进步的命运始终牢牢掌握在自己手中。

四、树立"有的放矢"的问题意识

"主要的矛盾和矛盾的主要方面"是《矛盾论》一文中最重要的部分，毛泽东在吸收苏联教科书中关于"矛盾之主导方面"论述的基础上，结合中国革命的实际情况，对主要矛盾和矛盾的主要方面作了系统而深刻的阐述，这就从方法论上要求我们干工作，一定要善于把握主要矛盾和矛盾的主要方面，以问题为导向。

树立问题意识是马克思主义的鲜明特点。马克思曾深刻指出："问题就是公开的、无畏的、左右一切个人的时代声音。问题就是时代的口号，是它表现自己精神状态的最实际的呼声。"[1] 树立问题意识，坚持问题导向，就是要抓准主要矛盾和矛盾的主要方面，然后切中矛盾的要害，抓住化解矛盾的着力点，找到解决矛盾的突破口。发现问题、研究问题、解决问题，是中国共产党取得社会主义革命、建设和改革伟大成就的法宝，也是中国共产党成立 100 多年来开展各项工作、实现理论创新行之有效的方法。习近平总书记指出："我们中国共产党人干革命、搞建设、抓改革，从来都是为了解决中国的现实问题。"[2]

问题意识蕴含着一种洞鉴古今的能动的批判精神、忧患意识

. . .

1 《马克思恩格斯全集》第 40 卷，人民出版社 1982 年版，第 289—290 页。

2 《习近平谈治国理政》第一卷，外文出版社 2018 年版，第 74 页。

和超前眼光。人类社会文明得以进步，很大程度上源于问题意识。有强烈的问题意识，就会时刻关注现实又防患于未然。20世纪初，中国面临最为紧迫的时代命题是实现民族独立、人民解放。围绕这一问题，根据中国半殖民地半封建社会性质，毛泽东天才地运用了矛盾原理，先后在《中国的红色政权为什么能够存在？》《井冈山的斗争》《星星之火，可以燎原》和《反对本本主义》等文章中指出，军阀割据的中国特殊国情，造成了中国革命的薄弱环节在农村，发动农民武装暴动，建立人民军队，建立革命根据地，把武装斗争、土地革命、建立政权结合起来，使之建成支持长期革命战争的战略基地。依托根据地积累发展革命力量，随着革命战争、人民武装和根据地的发展，逐步造成农村包围城市的战略态势，最后夺取全国胜利。1938年完成的《论持久战》是毛泽东在中华民族面临生死存亡之时，运用"矛盾"思想写就的一篇杰作。一方面，他根据矛盾有主要矛盾和次要矛盾的原理，确立了此时主要矛盾已经由阶级矛盾转变为民族矛盾；另一方面，通过分析和比较中国与日本两国的国情和优劣条件，确立了抗日战争是一场持久战，以回击"速胜论""速亡论"，他详细分析了如何推动矛盾的转化，最终赢得抗日战争的胜利。1945年5月，毛泽东在党的七大上作结论时，面对抗战即将"胜利"的一片大好形势，却一口气列举了我们可能遭遇的"十七条困难"，并据此提出我们的应对之策。第一条，"外国大骂"。英美的报纸和通讯社现在都骂共产党，"将来我们发展越大，他们会骂得越有劲"。第二条，"国内大骂"。是大骂，不是小骂，骂我们"破坏抗战，危害国家，杀人放火，共产共妻，毫无人性，等等"。第三条，"准备被他们占去几大块根据地"。第四条，"被他们消灭若干万军队"。第五条，"伪军欢迎蒋介石"。伪军"摇身一变，挂起蒋介石的旗子，欢迎蒋介石，欢迎阎锡山，使我们很不好办。日本人撤出的地方，他们马上就占了，我们来不及"。第六条，"爆发内战"。第七条，"出了斯科比，中国变成希腊"。就是说，有外国力量干涉中国内政，帮助蒋介石打我们。第八条，"不承认波兰"，即我们党的地位"得不到承认"。第九条，"跑掉、散掉若干万党员"。将来如果形势不好，"蒋介石、斯科比两面夹攻，到处打枪，有些党员就向后转开步走，跑掉了，散掉了"。"我们准备散掉三分之一，或者更多一些"。第十条，"党内出现悲观心理、疲劳情绪"。第十一条，"天灾流行，赤地千里"。第十二条，"经济困难"。第十三条，"敌人兵力集中华北"。即"日军退出华南、华中，把兵力统统撤到华北"，并"提出和平妥协的条件，跟英、美讲和"，挤压我们党和八路军。第十四条，"国民党实行暗杀阴谋，暗杀我们的负责同志"。第十五条，"党的领导机关发生意见分歧"，党内"议论纷纷，莫衷一是，不满意等等"。第十六条，"国际无产

知识链接

斯科比

　　斯科比曾为英国派驻希腊的英军司令，1944 年 12 月，斯科比指挥英军并协助希腊政府进攻长期英勇抵抗德军的希腊人民解放军，屠杀希腊爱国人民。

阶级长期不援助我们"。第十七条，"其他意想不到的事"。[1] 在列举这些困难的时候，毛泽东还批评，"从前我们党内有一个传统，就是讲不得困难，总说敌人是总崩溃，我们是伟大的胜利"，"现在我们要有充分的信心估计到光明，也要有充分的信心估计到黑暗"，提出"要在最坏的可能性上建立我们的政策"，尤其是对党的高级负责干部来说，更要有"对付非常的困难，对付非常的不利情况"的"精神准备"。他说："如果我们不准备不设想到这样的困难，那困难一来就不……

---

1 参见《毛泽东文集》第三卷，人民出版社 1996 年版，第 387—392 页。

毛泽东在七大作结论时，列举了"十七条困难"，并据此提出了应对之策。图为党的七大会场　吴雍／供图↑

能对付，而有了这种准备就好办事。"[1]这就是问题意识，这就是未雨绸缪。

新中国成立后的社会主义革命和建设时期，根据社会发展面临的时代课题：如何在中国建设社会主义，我们"以苏为鉴"，努力探索适合中国国情的社会主义建设道路。在党的八大上，我们党明确提出了中国社会的主要矛盾是"先进的社会主义制度同落后的社会生产力之间的矛盾"，提出要把我国从落后的农业国变为先进的工业国的发展目标和"保护和发展生产力"的主要任务，制定了工农业并举的工业化道路，这充分体现出了抓主要矛盾，以问题为导向的思路。

改革开放和社会主义现代化建设新时期需要迫切回答的问题是如何解决人民温饱的问题。以邓小平同志为主要代表的中国共产党人深刻解析了"社会主义的本质"，确立社会主义初级阶段基本路线，制定了到 21 世纪中叶分三步走、基本实现社会主义现代化的发展战略。以江泽民同志为主要代表的中国共产党人确立了社会主义市场经济体制的改革目标和基本框架，开创了全面改革开放的新局面；以胡锦涛同志为主要代表的中国共产党人面临经济结构不合理、增长方式不科学、环境资源有限、分配不合理等矛盾和问题，提出了科学发展观。可以说，通过几代中国共产党人的努力，我们实现了从站起来到富起来的飞跃。

党的十八大以来，以习近平同志为主要代表的中国共产党人基于问题导向，提出我国社会主要矛盾已经转化为人民日益增长的美

• • •

[1] 中共中央文献研究室编：《毛泽东在七大的报告和讲话集》，中央文献出版社 1995 年版，第 196、193、198、194 页。

好生活需要和不平衡不充分的发展之间的矛盾这一重大判断，着力解决发展不平衡不充分这一突出的矛盾，聚焦满足人民日益增长的美好生活需要。习近平总书记强调："要有强烈的问题意识，以重大问题为导向，抓住关键问题进一步研究思考，着力推动解决我国发展面临的一系列突出矛盾和问题。"[1]当前，我国经济社会发展正处于"三期叠加"的关键时期，全面深化改革任务艰巨繁重，国际形势波谲云诡，我们必须始终保持高度警惕，既要高度警惕"黑天鹅"事件，也要防范"灰犀牛"事件；既要有防范风险的先手，也要有应对和化解风险挑战的高招；既要打好防范和抵御风险的有准备之战，也要打好化险为夷、转危为机的战略主动战。

"我们的事业之所以伟大，就在于经历世所罕见的艰难而不断取得成功。"[2]面对艰难险阻，面对各种问题困难考验，我们既要从思想上正视矛盾、敢于面对问题，又要从行动上不怕矛盾、善于解决问题，以高度负责的态度和敢于斗争、善于斗争的精神，破解改革发展稳定中的各种难题。正如毛泽东所言："我们清楚地懂得，在我们和中国人民面前，还有很大的困难，还有很多的障碍物，还要走很多的迂回路程。但是我们同样地懂得，任何困难和障碍物，我们和全国人民一道一定能够加以克服，而使中国的历史任务获得完成。"[3]

* * *

1 《习近平谈治国理政》第一卷，外文出版社 2018 年版，第 74 页。

2 中共中央文献研究室编：《十八大以来重要文献选编》上，中央文献出版社 2014 年版，第 692 页。

3 中共中央文献研究室编：《毛泽东在七大的报告和讲话集》，中央文献出版社 1995 年版，第 47 页。

五、坚持和发展马克思主义哲学一刻不能停

"两论"最大的特点也可以说最大的贡献就是对马克思主义哲学的深化与发展，尤其是将其与中国革命的具体实践联系在一起，体现了马克思主义哲学的中国气派、中国作风，实现了马克思主义哲学的中国化。

"两论"的一个重要思想是对当时党内所存在的错误对待马克思主义的做法的批判和清算。不可否认，自马克思主义传入中国，如何对待马克思主义这个舶来品就成为摆在中国共产党面前的问题。是原原本本地照抄照搬、照猫画虎，还是全盘否定？革命的经验和教训告诉我们，应该将马克思列宁主义的普遍真理和中国革命的具体实际相结合，实现马克思主义的中国化。

"没有哪一种哲学或理论，能在现代世界史上留下如此深重的影响有如马克思主义；它在俄国和中国占据统治地位已数十年，从根本上影响、决定和支配了十几亿人和好几代人的命运，并从而影响了整个人类的历史进程。"[1]1972年诺贝尔文学奖获得者海因里希·伯尔在《假如没有马克思》一文中曾经指出："须知：没有工人运动，没有社会主义者，没有他们的思想家，他的名字叫卡尔·马克思，当今六分之五的人口依然还生活在半奴隶制的阴郁的状态之中；没有斗争，没有起义，没有罢工，这需要发动，需要引导，资本家是连半步也不让的。"马克思主义为人类社会发展进步指明了方向，是我们认识世界、把握规律、追求真理、改造世界的

---

1 李泽厚：《中国现代思想史论》，东方出版社1987年版，第143页。

强大思想武器。

但马克思主义不是包治百病的妙药良方，它的重要性在于找到了人类发展的规律，让其无论处在任何一个时代和历史背景下都能够焕发出新的生命力。马克思、恩格斯历来反对把自己的理论当作教条。恩格斯很早就向世人宣布，马克思的整个世界观不是教义，而是方法，应用马克思主义"随时随地都要以当时的历史条件为转移"。只有真正地把握了这些，才能客观地理解马克思主义，才能够全面系统地用马克思主义指导中国的实践。在这一思想的指引下，马克思主义才能因地制宜，发挥作用。我们党的领导人也多次强调这个问题。毛泽东讲过，不应当把马克思主义理论当作教条看待，而应当作行动的指南。这说明我们党的领导人对教条主义危害的认识是清楚的。1949 年 9 月 16 日，毛泽东在《唯心历史观的破产》一文中指出："马克思列宁主义来到中国之所以发生这样大的作用，是因为中国的社会条件有了这种需要，是因为同中国人民革命的实践发生了联系，是因为被中国人民所掌握了。任何思想，如果不和客观的实际的事物相联系，如果没有客观存在的需要，如果不为人民群众所掌握，即使是最好的东西，即使是马克思列宁主义，也是不起作用的。"[1] 正是因为认识到了这一点，"两论"在论述马克思主义基本原理时，总是将其置于中国革命的实践中，体现出马克思主义的指导意义。早在 1930 年5 月，毛泽东在《反对本本主义》一文中强调："马克思主义的'本本'是要学习的，但是必须同我国的实际情况相结合。我们需要

· · ·

[1] 《毛泽东选集》第四卷，人民出版社 1991 年版，第 1515 页。

'本本'，但是一定要纠正脱离实际情况的本本主义。"[1] 从这个意义上讲，"两论"是现代中国革命经验的理论形态和中国革命的哲学逻辑。

没有革命的理论就不会有革命的运动，同样，没有革命的运动，也没有成熟的革命理论。毛泽东在《实践论》中写道："马克思、恩格斯、列宁、斯大林之所以能够作出他们的理论，除了他们的天才条件之外，主要地是他们亲自参加了当时的阶级斗争和科学实验的实践，没有这后一个条件，任何天才也是不能成功的。"[2] 因此，"两论"正是从中国革命的实践出发，发挥了马克思主义的实践阐释力。这既体现出马克思主义的蓬勃生命力，也体现了"两论"的时代价值和中国风格。

为什么新中国成立之后，我们在社会主义建设实践中又犯了一些教条主义错误呢？因为我们在社会主义建设实践中仍然存在着对马克思主义简单片面地照抄照搬现象。例如，"大跃进"和人民公社化运动，是我们把马克思关于未来社会的理论不假思索地直接运用于中国的结果。党的十一届三中全会以后，我们党重新确立了"解放思想，实事求是"的思想路线。40多年过去了，虽然我们取得了诸多方面的进步和成就，但是在对待马克思主义的态度上，教条主义思想仍然根深蒂固。至今，我们依然有相当数量的同志把马克思主义的观点固定化，用自己对马克思主义的教条式理解来衡量和规范现实，一旦在实践中碰了钉子，又反过来埋怨马克思主义过时了、不灵了。这就是为什么我们反复强调应"从对马克思主义的

....

1 《毛泽东选集》第一卷，人民出版社1991年版，第111—112页。
2 同上书，第287页。

错误的和教条式的理解中解放出来"的重要原因。

当然，今天已经与毛泽东写作"两论"的时代大不相同，因此，必须以发展的眼光对待"两论"。毛泽东曾说过："我们在第二次国内战争末期和抗战初期写了《实践论》《矛盾论》，这些都是适应于当时的需要而不能不写的。现在，我们已经进入社会主义时代，出现了一系列的新问题，如果单有《实践论》《矛盾论》，不适应新的需要，写出新的著作，形成新的理论，也是不行的。"[1] 正如习近平总书记 2022 年 1 月 11 日在省部级主要领导干部学习贯彻党的十九届六中全会精神专题研讨班上的讲话中指出的："面对快速变化的世界和中国，如果墨守成规、思想僵化，没有理论创新的勇气，不能科学回答中国之问、世界之问、人民之问、时代之问，不仅党和国家事业无法继续前进，马克思主义也会失去生命力、说服力。"[2]

形成新的著作和理论体现了马克思主义自身的生命力和特征，这也是对"两论"精神的最好体现。一方面，要坚持从问题出发，把握时代发展的脉络。对现实问题的关注是马克思主义自身的特征。但由于所处环境的不同、历史背景的差异，在与现实的联姻过程中，马克思主义呈现出不同的观点。正如马克思、恩格斯曾反复强调的，他们的理论提供的不是现成的教条，而是供进一步研究的出发点和使用的方法。他们正是根据历史发展和社会实践不断地修正、补充、丰富和发展自己的理论的，这在恩格斯晚年对科学社会主义的反思中表现得更加突出。这就给了我们重要的启示：科学社

· · ·

1　《毛泽东文集》第八卷，人民出版社 1999 年版，第 109 页。

2　习近平：《更好把握和运用党的百年奋斗历史经验》，《求是》2022 年第 13 期。

会主义具有与时俱进的理论品格，坚持科学社会主义的基本原理和基本原则，就要善于把握时代发展和客观情况的变化，善于总结实践中的新经验，使科学社会主义得到不断的丰富和发展。这就要求我们学会处理好理论与实践的关系。马克思主义理论的每一次突破，社会实践的每一次历史性飞跃，都是将马克思列宁主义的普遍真理同中国的具体实践相结合进行理论创新的结果。从问题出发，并不是从所有问题出发，而是从重大历史问题出发，从关系人民群众切身利益的现实问题出发，只有这样的问题，才是马克思主义需要解决的真正问题。今天，中国的社会主义现代化建设和社会主义改革是一个特大的系统工程，也是关乎每一个中国人的大事。因此，坚持和发展马克思主义，深化"两论"精神，就应该以此为出发点，脱离了这个现实问题，而将马克思主义束之高阁或者奉为神明，都是对马克思主义的误解和误读。马克思主义是我们这个时代最伟大的思想之一，但是在它的传播、发展以及与各种思潮的交锋、对话中，存在着各种误读和错读，甚至背叛、抛弃，但是这些并不会掩盖马克思主义自身的魅力。作为马克思主义的信仰者，我们将不惧怕任何对马克思主义的诘难与挑战；作为马克思主义的研究者，也不会拒绝任何对其理性探究的研究成果，这也是今天我们对待马克思主义必须坚持的态度。另一方面，要想真正地解决中国问题，还存在着将马克思主义中国化的问题。无论毛泽东思想，中国特色社会主义理论体系，还是习近平新时代中国特色社会主义思想，都是将马克思主义基本原理与中国具体实际相结合的理论创新。马克思主义基本原理也不是固定不变的，而应该随着"历史的具体演进"不断丰富、深化和拓展。习近平总书记在党的二十大报告中强调："中国共产党人深刻认识到，只有把马克思主义基本原

理同中国具体实际相结合、同中华优秀传统文化相结合，坚持运用辩证唯物主义和历史唯物主义，才能正确回答时代和实践提出的重大问题，才能始终保持马克思主义的蓬勃生机和旺盛活力。"[1] 40 多年来，我国改革开放取得伟大成功，关键是我们既坚持马克思主义基本原理，又根据当代中国实践和时代发展不断推进马克思主义中国化时代化，形成和发展了邓小平理论、"三个代表"重要思想、科学发展观和习近平新时代中国特色

党的百年奋斗在坚持理论创新中结出了马克思主义中国化的理论成果。100 多年来，我们党坚持把马克思主义基本原理同中国具体实际相结合、同中华优秀传统文化相结合，创立了毛泽东思想、邓小平理论，形成了"三个代表"重要思想、科学发展观，创立了习近平新时代中国特色社会主义思想，指导党和人民事业不断开创新局面。图为庆祝中国共产党成立 100 周年大会现场 中新图片 / 盛佳鹏↑

...

1 习近平:《高举中国特色社会主义伟大旗帜　为全面建设社会主义现代化国家而团结奋斗——在中国共产党第二十次全国代表大会上的报告》，人民出版社 2022 年版，第 17 页。

社会主义思想，赋予当代中国马克思主义勃勃生机。马克思因创立了马克思主义而不朽，马克思主义则因与时俱进的品质而永葆青春。

一个民族的崛起，首先是思想的崛起。今天，距"两论"问世时代已经久远。在这么长的时间和空间坐标中，世界发生了深刻的变化，中国也发生了深刻的变化。但"两论"并没有被抛弃在历史的故纸堆中。相反，"两论"依然如一座灯塔照耀着中国共产党实现中华民族伟大复兴之路。

我多次去革命圣地延安，参观凤凰山麓的李家窑洞。这个窑洞原来是当地贫苦人家的住所，由于是修城墙采料形成的石洞，窑洞里面阴暗潮湿，只有一铺炕、一张石凳子，条件极其简陋。在这样恶劣的居住环境下，毛泽东却怡然自得，经历过艰苦的长征，他终于有了一张安稳的书桌。身边的工作人员担心影响他的健康，时常劝他换个住所，而他总是说不要麻烦当地的老乡。就是在这个窑洞中，毛泽东以惊人的毅力、巨大的理论勇气，夜以继日地读书写作思考，完成了许多影响深远的理论著作，"两论"就是其中光辉的哲学篇章。它们如同曙光一样照耀着新生的中国革命之路。

我曾反复阅读"两论"，不断重温马克思主义中国化的哲学基础和理论渊源，感受其光辉思想对中国革命的重要指导意义，体会其中蕴含的深刻哲理和闪烁着的智慧光芒。"两论"中的每一字每一句，都是中国共产党人用血的教训换来的。"两论"创造性地提出了理论与实践、普遍性与特殊性的辩证统一这一马克思主义经典原则，从哲学高度总结了中国革命的经验和教训，扫除了危害革命的主观主义特别是教条主义的错误思想，实现了马克思列宁主义的普遍真理同中国革命的具体实践相结合。这也成为如何实现马克思主义中国化、如何成功进行中国革命的关键所在，也构成了中国革命的理论逻辑和实践逻辑，并为我们今天坚定不移沿着中国特色社会主义道路前进提供了强大的理论支撑。

今天，我们重读"两论"，不仅能够增长智慧，不断从党的创新理论中汲取力量，也是重温我们党一段苦难而辉煌的历史，致敬一种伟大而永恒的精神。

作者

2023 年 3 月于北京大有庄